POR TRÁS DOS JULGAMENTOS

POR TRÁS DOS JULGAMENTOS

MARCELA GOUVEIA

Labrador

© Marcela Gouveia, 2024
Todos os direitos desta edição reservados à Editora Labrador.

Coordenação editorial Pamela J. Oliveira
Assistência editorial Leticia Oliveira, Vanessa Nagayoshi
Direção de arte e capa Amanda Chagas
Projeto gráfico Marina Fodra
Diagramação Nalu Rosa
Preparação de texto Laila Guilherme
Revisão Daniela Georgeto

Dados Internacionais de Catalogação na Publicação (CIP)
Jéssica de Oliveira Molinari - CRB-8/9852

Gouveia, Marcela
   Por trás dos julgamentos / Marcela Gouveia.
   São Paulo : Labrador, 2024.
   176 p.

   ISBN 978-65-5625-648-1

   1. Gouveia, Marcela – Autobiografia I. Título

24-3220   CDD 920.72

Índice para catálogo sistemático:
1. Gouveia, Marcela – Autobiografia

Labrador

Diretor-geral Daniel Pinsky
Rua Dr. José Elias, 520, sala 1
Alto da Lapa | 05083-030 | São Paulo | SP
contato@editoralabrador.com.br | (11) 3641-7446
editoralabrador.com.br

A reprodução de qualquer parte desta obra é ilegal e configura uma apropriação indevida dos direitos intelectuais e patrimoniais da autora. A editora não é responsável pelo conteúdo deste livro. A autora conhece os fatos narrados, pelos quais é responsável, assim como se responsabiliza pelos juízos emitidos.

Dedico a leitura a seguir a você que está lendo e folheando estas páginas. Que você encontre em cada palavra e em cada capítulo a força que talvez esteja presa dentro de você; que você encontre uma história e um exemplo de superação e, ao final, entenda que todo julgamento pode interferir em vidas que estão tentando aprender com os erros.

"Quem sabe direito o que uma pessoa é? Antes sendo: julgamento é sempre defeituoso, porque o que a gente julga é o passado."

Guimarães Rosa

Agradeço aos meus pais, pela vida que me foi dada e pela chance de poder evoluir a partir dos meus erros e acertos. Aos meus amigos, aqueles que ficaram ao meu lado até hoje mesmo no momento mais difícil da minha vida, aos que me apoiaram, seguraram minha mão, me incentivaram e, juntos, formaram a escada para que eu pudesse subir para a superfície e voltar a respirar. Aos meus pacientes, por confiarem no meu trabalho e serem a minha força profissional de cada dia.

SUMÁRIO

INTRODUÇÃO — 13

FALSA MÉDICA? — 17
- Como eu vim parar no mundo da estética? — 18
- Excesso de vaidade — 34

QUEM É A MARCELA? — 39
- Infância — 43
- Primeiros contatos com a dor das doenças — 49
- A relação com o meu avô — 61

VOCÊ É FORTE — 69
- Meu casamento — 75
- A perda do meu pai — 80
- A relação com a minha mãe — 89

RECOMEÇAR SOZINHA — 93
- Reconstruindo minha autoestima — 94
- Motivação para seguir na medicina estética — 97
- Consolidando minha carreira — 105

A PRISÃO — 113
- Choque — 119
- O que aconteceu? — 123
- Peneiras — 125

O JULGAMENTO _____ 133
   As redes sociais _____ 134
   Respiros _____ 147
   O que eu aprendi com a prisão? _____ 152

SABER SEGUIR EM FRENTE _____ 159
   Ser forte sem perder a ternura _____ 170
   Poder mudar, fazer melhor e reconstruir
   o caminho _____ 172

INTRODUÇÃO

Talvez você esteja começando esta leitura achando que eu sou uma falsa médica. E eu posso te dizer desde já que essa afirmação não é verdadeira. Existem muitos tons de cinza entre o preto e o branco, e, se você já se viu em situações complicadas, sabe que toda história tem dois lados e que nem sempre a vida nos surpreende de um jeito positivo.

Em junho de 2023, fui presa e vi meu nome e minha imagem irem ao ar em rede nacional, em um dos programas mais famosos da televisão brasileira.

Quando resolvi escrever este livro, minha intenção inicial era contar para o mundo os mínimos detalhes de como fui parar nesse lugar e como se deu toda a armação que sofri. No entanto, ao longo desse processo, também me dei conta de que havia chegado a hora de escrever sobre algo muito maior.

A maioria das pessoas tem muita facilidade para sair apontando dedos e fazendo julgamentos sem ter conhecimento sobre todos os fatos. E se teve algo pelo qual eu passei em 2023 foi esse "apontar de dedos". Completos desconhecidos vinham aos montes em minhas redes sociais para engrossar o coro da condenação sem nem ao menos considerar que poderia haver outra explicação para o ocorrido. Mais que isso, sem nem pensar que existia um ser humano atrás das telas, recebendo todo esse ódio gratuito. E eu até poderia fazer o mesmo neste livro, apontar dedos e perpetuar uma discussão sem fim, mas percebi que poderia fazer algo muito mais útil e inspirador a partir de tudo que aprendi com esse episódio em minha vida.

Todo mundo sempre diz que a vida é feita de altos e baixos, e é verdade. Mas, por alguma razão, ao longo dos dias e durante a rotina a gente se esquece e se apega apenas às coisas ruins. Isso é uma ilusão. Algo nunca está sempre ruim, nem está sempre bom. E tenho certeza de que, se você fizer um esforço para prestar atenção, encontrará momentos bons diante de dores intensas, assim como instantes ruins em dias perfeitamente felizes.

Hoje, depois de tudo que já me aconteceu na vida — e principalmente após a minha prisão —, tenho ainda mais certeza de que o melhor olhar sobre a vida é esse mesmo. O de fé e amorosidade. De aprendizado. Não foi fácil, é verdade. E não vou negar que tive momentos em que me entreguei ao completo desespero e a incontroláveis lágrimas. Confesso até que, da forma como as coisas aconteceram, cheguei a pensar que jamais seria quem eu era antes disso, que me tornaria uma pessoa amarga e não confiaria mais em ninguém, que não merecia seguir com a minha vida. Mas a verdade é que, quando alguém aponta dedos para nós, isso diz mais sobre essa pessoa do que sobre quem somos de verdade. E eu tenho muita certeza da minha essência genuína, amorosa e cuidadora.

Neste livro, quero te contar quem é a Marcela de verdade. A Marcela de hoje, mas também a Marcela de ontem e as tantas versões que já fui. Quero compartilhar minha história e como cheguei até aqui. E só fui capaz de fazer isso depois de ouvir, de muitos amigos, familiares e pacientes que não me abandonaram, quão forte eu era, considerando tudo que vivi naquele ano. O curioso é que, até então, eu nunca havia me enxergado assim — será mesmo que eu era essa fortaleza que eles enxergavam?

Pode parecer clichê, mas, quanto mais eu ouvia que era forte, mais assistia a um filme em minha mente, revivendo toda a minha história para finalmente compreender de onde poderia vir essa força para lidar com as adversidades.

Você provavelmente não sabe, mas a vaidade estética quase me matou e, apesar disso, fui capaz de ressignificar tudo o que vivi em relação a ela para me tornar uma excelente profissional nessa área. Porque é justamente a partir do enfrentamento dos nossos medos e das nossas fraquezas que nos tornamos pessoas mais fortes.

Eu fui forte sem perceber e não permiti que as durezas e as surpresas negativas acabassem com a ternura e a alegria de como enxergo a vida. Vivi muitos traumas familiares, principalmente durante a infância e a adolescência, mas minha essência me salvou. Espero que, a partir deste livro e da minha história, você possa aprender a reconhecer a sua própria força, que sempre esteve aí, mesmo em momentos de dor. Que você possa se apoderar dela e não perder a capacidade de enxergar o lado bom da vida, mesmo quando estiver com a sensação de que chegou ao fundo do poço.

Dificuldades existem e os acontecimentos ruins trazem sentimentos muito mais fortes que os acontecimentos bons, mas, apesar dos tropeços e das pedras no caminho, a gente nunca pode deixar de tentar fazer do hoje e do amanhã um dia melhor. Se quiser me conhecer de verdade, espero você nas próximas páginas.

FALSA MÉDICA?

*Será que é possível
conhecermos alguém
profundamente?*

Quando alguém nos pergunta quem somos, a resposta que a maioria de nós costuma dar — de maneira praticamente automática — é dizer o nosso nome e a nossa profissão; talvez acrescentar se somos mães, esposas ou irmãs. Mas será que é tão fácil definir uma pessoa com apenas meia dúzia de palavras? Será que é tão fácil resumir toda a complexidade de uma vida em alguns rótulos ou títulos? E mais: será que essa é uma definição justa? Uma definição verdadeira? Se você está com este livro em mãos, talvez seja um dos muitos curiosos para saber quem eu sou e o que aconteceu em um episódio da minha vida, mas antes disso... Quem é a Marcela de verdade?

Se você tivesse me perguntado isso há alguns anos, eu provavelmente teria dado uma resposta simples e sucinta, como essas que mencionei antes. Mas depois de tudo o que vivenciei, dos altos e baixos, confesso que me sinto bem relutante em responder uma questão tão complexa em tão poucas palavras — seria preciso todo um livro para isso, e então aqui está ele.

Eu acredito que, ao longo da vida, todos nós passamos por diversas fases e enfrentamos diferentes jornadas que nos mudam e nos moldam, constantemente; afetando desde os mais insignificantes detalhes — como a nossa cor favorita — até nossos valores pessoais, nossas crenças e nossas metas para o futuro. Uma pessoa jamais será feita de uma coisa só e jamais será sempre a mesma. Essa, para mim, é a beleza do ser humano.

Por essas e outras razões é que eu não acredito mais em me definir. A Marcela da adolescência já não é a mesma Marcela de hoje, que também, por sua vez, não é a mesma Marcela de amanhã, nem a Marcela que virá daqui a vinte ou trinta anos. Com este livro, minha intenção é contar melhor sobre quem eu sou, sem jamais me colocar dentro de uma caixa ou de uma definição simples. Quero que você me conheça com base na minha história, e não a partir da opinião de alguém sobre ela.

Como eu vim parar no mundo da estética?

Eu não nasci em berço de ouro, e minha família nunca teve uma condição financeira alta, nem mesmo muito estável. Mas também não passávamos fome, longe disso, vivíamos um aperto suficiente para que meus pais não tivessem condições de pagar por uma boa escola particular.

Ainda assim, meus pais se preocupavam bastante em me dar boas oportunidades logo cedo, afinal, no Brasil, são as instituições particulares, principalmente nos primeiros anos de formação, que acabam proporcionando as melhores oportunidades para os estudantes, aumentando as vantagens para o futuro. Por isso, durante toda a minha vida, realizei os meus estudos através de bolsas — desde a pré-escola, passando pelo fundamental, até a faculdade.

No ensino médio, eu tinha um grande interesse na área da saúde e cheguei a fazer um curso técnico em patologia clínica durante esse período. Depois de me formar na escola, fiz o cursinho para o vestibular durante dois anos, ainda com a meta de seguir na área da saúde, mas não tinha muita certeza de qual caminho exatamente. É claro que medicina sempre me passava pela cabeça, já que gostava dessa área, mas eu tinha algumas dúvidas — assim como qualquer adolescente nessa idade, claro.

Enquanto estava estudando para o vestibular (ainda com a bolsa de estudos do cursinho), eu tinha um namorado que estudava comigo. Um dia, passeando com ele pelo bairro paulistano do Ipiranga, passamos em frente ao Centro Universitário São Camilo, e ali eu vi uma placa, bem na porta da faculdade, sobre um programa de bolsas que eles estavam oferecendo para a graduação no ensino superior. Depois de ter passado uma vida toda com bolsas de estudo, obviamente aquilo me chamou a atenção, então logo corri para ver do que se tratava.

Apesar de ter muita vontade de fazer uma faculdade, eu tinha ciência de que minha família não dispunha das mínimas condições de pagar por um curso particular, ainda mais se eu realmente quisesse medicina, que costuma ser um curso caríssimo nas instituições particulares — até por isso eu me dedicava tanto durante o cursinho. Assim, quando vi aquela oportunidade, pensei: *Quer saber? Vou fazer a prova pra bolsa e ver no que vai dar.* E eu passei.

Apesar de ter passado na prova — o que me deixou, obviamente, muito feliz —, logo descobri que não eram todas as graduações que faziam parte daquele programa de incentivo e, então, eu precisava decidir em qual das opções me encaixaria melhor ou com qual eu teria maior afinidade. De todas as formações que eles ofereciam para os bolsistas, aquela com que mais me identifiquei foi Farmácia, e decidi cursar, já que não tinha nada a perder e, caso não gostasse, poderia largar o curso sem muitos problemas.

No fim das contas, apesar de ser um curso pesado, com matérias difíceis e conteúdos extensos, eu me dediquei bastante e acabei permanecendo nele até o fim. Durante a graduação, como a maioria dos universitários, tive que concluir o estágio obrigatório e foi nessa época que consegui uma oportunidade para trabalhar no Hospital das Clínicas, mas que também exigia um concurso para entrar. Fiquei lá por um tempo, até me formar.

Dentro do Hospital das Clínicas há diversos departamentos, como o Instituto de Infectologia e o Instituto do Câncer do Estado de São Paulo, também conhecido como Icesp, e uma grande parcela dos jovens profissionais e estudantes que trabalham no Hospital das Clínicas, quando têm a oportunidade, fazem a prova para trabalhar no Icesp. De início, decidi fazer também, já que, quando eu era mais nova, tinha acompanhado a minha avó, que havia passado por um câncer de mama (que mais tarde evoluiu para a cabeça), e achei que seria uma oportunidade para ajudar os pacientes dessa doença tão pesada, que causa tanto sofrimento não só para eles, mas também para as famílias e os amigos.

No fundo, sempre tive muita vontade de ajudar as pessoas! Ao longo da minha vida, minha família e eu passamos por muitas situações complexas de saúde, e de alguma maneira eu sentia que podia ajudar os outros com essa minha resistência e resiliência diante de cenários delicados. Bom... essa era a ideia inicial, mas logo percebi que trabalhar com isso não seria tão simples como eu imaginava. O dia a dia era pesado, e aos poucos eu fui me dando conta de que, talvez, eu não fosse feliz se permanecesse ali.

Nessa época, eu não tinha a pretensão de atuar na área da estética, mas, como o destino sempre dá um jeito de nos encaminhar para o que precisamos viver, chegou até mim a oportunidade de trabalhar com uma distribuidora de produtos estéticos; exatamente no mesmo período em que eu havia acabado de prestar a prova para trabalhar no Instituto do Câncer. Essa empresa distribuía produtos estéticos dentro da área da saúde, como *laser*, preenchimentos, equipamento de microagulhamento e outras coisas do tipo.

Foi aí que bateu a grande dúvida: ajudar as pessoas, mas viver em um ambiente de energia densa, ou fazer algo sobre o qual eu não tinha o menor conhecimento? Quanto mais eu observava o dia a dia do Icesp, mais foi caindo a minha ficha de que aquele era um ambiente de trabalho mais árduo do que eu havia pensado e com uma carga emocional bastante pesada para lidar diariamente. Assim, no fim das contas, apesar de não ser a área para a qual eu havia mirado os meus esforços, decidi que queria fazer um teste para trabalhar na distribuidora, o que me fez ingressar oficialmente na área da estética.

Foi uma mudança muito rápida, do Hospital das Clínicas para essa distribuidora. Logo que me formei na universidade comecei a trabalhar lá. Era um trabalho bastante diferente. No Hospital das Clínicas, as coisas eram caóticas, carregadas — com pacientes agressivos, que xingavam e ameaçavam —, e na distribuidora era outra realidade. Uma que, a princípio, parecia bastante organizada.

Basicamente, o que fazíamos era importar produtos para as áreas de dermatologia e cirurgia plástica, então lidávamos muito mais com clientes do que com pacientes de maneira direta. Frequentemente participávamos de diversos congressos, até fora do Brasil, nos quais visitávamos médicos dermatologistas e cirurgiões plásticos. Passei por diversos treinamentos lá dentro para aprender a administrar os produtos, e aprendi todas as técnicas necessárias de aplicação para, assim, poder replicá-las nos eventos, além de transmitir conhecimento e treinamento para os outros profissionais da área.

Foi mais ou menos nessa época, e nesse contexto, que surgiu a farmácia estética. Até então, ainda não existiam cursos profissionalizantes para essa área, porque ela estava começando e surgindo como algo único, e foi se moldando conforme os profissionais da área evoluíam com novos conhecimentos, equipamentos e técnicas.

Foi graças à minha vivência no mundo dos congressos e nesse trabalho com a distribuidora, durante o período de formação da farmácia estética, que veio a minha especialização na área. Eu fui uma das primeiras a fazer isso, de fato fui parte dessa especialidade. E foi a partir disso tudo que eu cheguei a ter meu consultório.

Desde que o mundo é mundo, existe uma grande pressão para que as mulheres estejam sempre bonitas, sempre arrumadas e perfeitamente encaixadas nos padrões de beleza. Cabelos, unhas, pele, corpo... tudo precisa estar sempre impecável! E isso é algo que todas nós crescemos ouvindo, então passamos a martelar diariamente em nós mesmas: "Seja bonita, seja vaidosa, cuide de você mesma".

Comigo não foi diferente. Sempre percebi essa necessidade de me sentir mais bonita e, aos poucos, acabei virando uma pessoa muito vaidosa. Muito mesmo! Eu gostava muito de me arrumar, de estar sempre com os cabelos escovados e as unhas feitas, mas, quando entrei nesse ramo da estética, logo me deparei com um mundo completamente novo e um universo bastante encantador — nem sempre de um jeito positivo.

A medicina estética é sedutora e, ainda que isso seja muito bom, também pode se tornar algo bastante problemático. Sim, a maioria das mulheres já sente uma certa predisposição à vaidade, mas, quando você passa a viver 24 horas por dia nesse mundo, isso entra na sua mente de uma maneira muito forte! Você, basicamente, passa a respirar padrões de beleza e a martelar todos esses ideais na sua cabeça. Só que uma hora a conta chega e é impossível evitar que a gente se sinta inadequada no mundo, quando tudo o que vemos e consumimos é sobre "dar uma mudadinha aqui, uma melhoradinha ali".

Então eu, que já era bem vaidosa quando entrei de fato na estética, passei a ficar quase que bitolada nessas ideias, sempre procurando algo para mudar em mim mesma. Além da pressão de estar sempre inundada por aquelas imagens e técnicas, também tinha o fato de que, para mim, era muito fácil conseguir realizar vários procedimentos, devido à minha proximidade com outros profissionais e com os produtos.

Então eu comecei a realizar os procedimentos em mim mesma. O primeiro deles foi o preenchimento labial, que é tão popular hoje em dia. Depois, fiz um microagulhamento, já querendo cuidar mais da minha pele. E, assim, passei a constantemente fazer novos procedimentos, sempre que possível, porque eu sentia que nada jamais estava bom. Sempre tinha algo (na minha mente já distorcida) que eu poderia mudar, aperfeiçoar.

No caso dos procedimentos mais invasivos, como os injetáveis, outros profissionais aplicavam, mas em coisas mais simples, como microagulhamento ou laser, eu mesma fazia em mim, pois já tínhamos fácil acesso aos equipamentos dentro da empresa. Era tudo muito descomplicado, muito próximo e muito familiar. E, assim, as coisas começaram a piorar. Eu fiquei cada vez mais fissurada em fazer procedimentos, até que tive a brilhante ideia de que precisava mexer no meu bumbum!

Algo que qualquer profissional da área pode atestar é que, quando a gente trabalha numa empresa como a que eu estava, uma reconhecida distribuidora de produtos de estética, sentimos muita confiança no que acontece ali dentro. Eu trabalhava ali, acompanhava alguns procedimentos e resultados e, portanto, confiava não só na qualidade dos produtos, mas também nas boas experiências que tinha observado. Quem não confiaria? Eu não havia tido, até então, qualquer experiência negativa quanto a isso. Então, quando quis fazer mais um procedimento, decidi seguir com um produto que eu conhecia.

A empresa sempre ressaltava que o produto vendido era seguro e enfatizava bastante que era um material absorvível, ou seja, não era algo permanente e eventualmente sairia do organismo. A partir dessa informação, os profissionais diziam que eram mínimas as chances de uma intercorrência durante ou após o procedimento.

Além disso, quando o produto foi introduzido na empresa, foi apresentada uma variedade de estudos comprovando não apenas a sua eficácia, mas todas as outras características alegadas, principalmente o fato de que era absorvível e totalmente seguro. Assim, confiando nesses profissionais, nos estudos e na empresa, que eu acreditava conhecer tão bem, decidi colocar o Aqualift — mais conhecido como hidrogel — nos meus glúteos.

Costumo brincar que não sou "só" magrela, eu sou "o pó da rabiola" de tão magra. Bem o biotipo de bailarina — que eu fui por um tempo quando era criança —, sabe? Sempre fui e provavelmente sempre vou ser. É genético. Sendo assim, eu nunca criei expectativas sobre ter bumbum grande, e, para falar a verdade, isso nem era algo que eu queria, pois não combinaria comigo de qualquer maneira.

Mas naquela época, logo antes de fazer o procedimento, eu estava perto de me casar. Ou seja, além de toda a questão da vaidade pessoal, eu ainda estava prestes a viver um dos dias mais importantes da minha vida e, como toda mulher, queria me sentir o mais bonita possível — é natural, ainda mais numa data como essa, criar tantas expectativas sobre a nossa aparência. Ficamos pensando em como sairão as fotos, que registrarão um momento tão importante, e queremos estar simplesmente perfeitas!

Eu não odiava o meu bumbum, pelo contrário, mas já estava tão mergulhada naquele universo dos procedimentos estéticos que um pequeno incômodo que eu tinha, aliado ao dia do casamento e às expectativas cada vez mais altas, foi mais do que suficiente para justificar, na minha mente, que eu deveria realizar a aplicação do hidrogel.

Isso tudo começou cerca de quarenta dias antes do meu casamento. Eu realizei o procedimento, confiando completamente nos profissionais responsáveis, afinal eu não tinha qualquer motivo para questioná-los. No entanto, desde a aplicação, o Aqualift começou a dar sinais de problemas no meu corpo. De início era apenas uma dor, uma pequena inflamação; pensei que era normal, então fui deixando. Não fiz nada durante esse tempo, achei que ia passar.

Talvez você se pergunte: "Mas como assim, deixou? Estava infeccionando e você não fez nada?". Acontece que, enquanto tudo isso estava acontecendo comigo, o meu chefe, que também seria o meu padrinho de casamento, estava lidando com alguns problemas legais. E, na empresa, eu era a segunda em comando, logo abaixo dele. Assim, apesar de estar sentindo um pouco de dor, eu estava absolutamente afogada em trabalho e cheia de responsabilidades para lidar.

Na época ele havia tentado entrar no Brasil, por via aérea, com alguns produtos estéticos na bagagem. Mas acabou tendo alguns percalços com a Polícia Federal na imigração, resultando em muitos problemas que eu, como braço direito dele dentro da empresa, tive que resolver. A inflamação dentro do meu corpo e a dor nos meus glúteos foram piorando cada vez mais, mas o meu foco estava em contatar os advogados contratados pela empresa, além de continuar tocando os negócios normalmente, pois não tinha alternativa. Quem faria isso no meu lugar?

Por estar tão ocupada e estressada com todas essas situações — continuar a gerenciar a empresa, os problemas legais do meu chefe e os preparativos para o casamento —, eu deixei a minha saúde em segundo plano. Quando a inflamação virou uma infecção era tarde demais e eu fui parar no hospital. E o pior: faltando apenas três dias para o meu casamento.

Um dos convidados da minha festa era um grande amigo meu, que também era o cirurgião plástico que havia realizado o procedimento com o hidrogel em mim. Ele era do Rio de Janeiro e viria para São Paulo para a cerimônia e a festa, mais próximo da data. Quando mandei para ele a foto de como estavam os meus glúteos, ele ficou preocupadíssimo e disse: "Marcela, vá para o hospital imediatamente, você precisa de atendimento urgente". E eu fui.

Ele, do Rio de Janeiro, foi dando as coordenadas para os profissionais do hospital em São Paulo, já que esse produto praticamente não existia aqui ainda. Era muito novo no Brasil inteiro, claro, mas em São Paulo nenhum dos médicos tinha a mínima noção de como lidar com esse problema, como manejar uma intercorrência com o Aqualift.

Por sorte, ele conseguiu antecipar o voo e veio mais cedo do que havia planejado, conseguindo entrar no bloco cirúrgico comigo para tentar limpar a infecção. Mas, como ninguém mais sabia como tratar essa intercorrência, o processo foi muito mais complicado e difícil de fazer sem o auxílio de outros profissionais que tivessem experiência com o que estava acontecendo.

Por fim, eles conseguiram controlar a infecção, mas apenas em um dos lados, e eu consegui sair do hospital com a autorização para seguir com a cerimônia e a festa, contanto que tomasse cuidado. É claro que eu pensei em adiar o casamento, em cancelar a festa, mas eram tantas coisas envolvidas que só de pensar no retrabalho e no dinheiro empenhado eu queria chorar. Então resolvi arriscar e fazer o melhor possível com o que tinha em mãos. Mesmo assim, a essa altura do campeonato, não só as consequências físicas estavam lá, mas o estrago emocional já estava feito e instalado.

Muito se fala sobre o casamento ser o dia mais feliz da vida de alguém. E só quem já casou, com grande festa e cerimônia, sabe o tamanho do esforço emocional, financeiro e físico que é planejar um evento desse tipo. A pressão psicológica é enorme! Então imagine alguém que passou dois anos planejando tudo isso, que gastou o que podia e o que não podia, percebendo estar prestes a perder não só todo esse esforço, mas ter a chance de perder muito mais — saúde, bem-estar, dinheiro, tempo — por causa de um excesso de vaidade?

Foi durante esse caos, depois de todas as complicações e estresse, que eu descobri que os estudos que a empresa havia me mostrado sobre o Aqualift não eram verdadeiros. Imagine só o baque emocional que isso tudo foi para mim. Eu não só havia passado por toda essa situação emocionalmente devastadora perto do meu casamento, mas existiu ali uma quebra de confiança também, porque eu acreditava naquela empresa, acreditava naqueles produtos e, mais que isso, eu trabalhava ali, em um cargo importante! Foi como uma torre de ilusões se desmoronando, tijolo por tijolo.

Um momento que era para ser gratificante, realizador e feliz, tornou-se um grande pesadelo. Eu não consigo sequer descrever a quantidade de coisas que se passavam pela minha cabeça. Era um misto de tristeza com raiva, indignação, impotência... E foi essencialmente nesse período que eu me dei conta de algo que carrego comigo até hoje: eu não queria que outras mulheres passassem por isso, jamais. Porque, além de ter meu corpo deformado pelo excesso de vaidade e pelas mentiras, eu também tive o meu emocional abalado e minha confiança quebrada. Não queria que ninguém, jamais, tivesse que viver aquilo que eu vivi.

Ali eu comecei uma batalha, uma guerra de princípios, para realizar tudo o que estivesse ao meu alcance a fim de que esse produto jamais entrasse no Brasil novamente. Ou que, no mínimo, as mulheres brasileiras ficassem sabendo exatamente o que era o hidrogel e, principalmente, as consequências devastadoras que ele podia causar não só no corpo, mas na vida delas.

Quando eu estava no hospital, a apenas alguns dias do meu casamento, aquele chefe continuava me mandando trabalho, pilhas de coisas para fazer e resolver enquanto eu sofria com aquela infecção. Para você ter uma ideia, eu lembro de o motoboy da empresa vir me entregar papelada no meu quarto de hospital, eu nem conseguia descansar!

Nessa mesma época, a Andressa Urach também passou pelas terríveis complicações do hidrogel. E, com a repercussão da história dela na mídia, a vigilância sanitária passou a aparecer com frequência na empresa em que eu trabalhava, nos pressionando para fechar as portas. Imagine a contradição: eu no hospital, tendo que sentir na própria pele os efeitos da mentira do produto e, de alguma maneira, ainda ter que defender a empresa porque era uma das responsáveis? Sem condição.

Só que eu demorei demais para compreender tudo isso e, acredite, só fui pedir demissão meses depois de todo o ocorrido. Uma parte de mim queria acreditar que tudo não passava de um grande mal-entendido e era possível resolver de alguma forma. Perdi um tempo enorme de vida em uma empresa que havia me enganado sem a menor preocupação, que havia me tratado sem a menor consideração e ainda me colocado em risco daquela maneira. Meu casamento aconteceu em setembro de 2014 e eu só fui pedir as contas em junho de 2015. Hoje vejo que fui imatura e deveria ter colocado a minha saúde em primeiro lugar.

Acho que nem preciso dizer que, depois que tudo isso aconteceu, eu estava me sentindo completamente sem rumo na vida. Eu tinha dedicado tanto do meu tempo, da minha energia — e da minha paixão mesmo — àquela empresa, àquele mundo, que, diante de tantas perdas, eu me via sem saber o que fazer, sem saber qual deveria ser o próximo passo a dar.

Com a ajuda do meu ex-marido, cheguei a abrir uma loja on-line de roupas para bebês e até funcionou por um tempo, estava dando tudo certo, mas não era ali que o meu coração estava. Sempre gostei muito de estar com outras pessoas, de ter aquele contato humano, de conhecer pessoas... e era mais que um gosto pessoal por trabalhar com o público, eu sentia falta do que queria fazer lá no começo: cuidar das pessoas, ajudá-las de alguma maneira, como eu pudesse.

Então percebi que, dentre muitos outros motivos, essa minha vontade de cuidar das pessoas, de estar lá para auxiliar o público, tinha sido, afinal, um dos maiores fatores que haviam me levado a escolher a área da saúde. A estética, tinha sido uma consequência desse meu lado cuidador, e eu não estava fazendo o que queria de verdade, aquilo que me fazia sentir viva.

Foi nesse estalo que eu decidi ir atrás, antes de tudo, de informação. Eu queria, finalmente, abrir o meu próprio consultório, mas não tinha a menor ideia de como começar esse processo. O que eu tinha de sobra, no entanto, eram a ambição e a dedicação para realizar esse sonho. Fazer isso também era parte da minha missão de alertar outras mulheres sobre o hidrogel, garantir que isso não se repetisse com outras pessoas, pois ninguém merecia passar pelo que eu passei; não só com o bumbum, mas qualquer parte do corpo em que elas fizessem um tratamento.

Pacientes merecem ter todas as informações sobre os procedimentos que pretendem fazer, incluindo os riscos, e eu queria ser parte importante desse processo. Isso pode até ser visto como algo ingênuo da minha parte ou até um traço não muito empreendedor que eu tenho, mas prefiro perder dinheiro ao recusar um procedimento do que fornecer um serviço que eu não acredito que vai beneficiar, ou que pode até prejudicar, aquela paciente que vem até mim. Porque ela vem buscando ajuda, não mais complicação!

Enquanto eu buscava esse conhecimento para abrir o meu consultório, surgiu a oportunidade de ter, oficialmente, minha especialização em farmácia estética. Eu já tinha a experiência por ter passado anos naquela empresa, mas precisava daquilo validado para poder abrir o meu consultório e conseguir atender. Assim que eu recebi essa validação da especialidade, pude começar a atender, e foi isso que eu fiz.

De início, eu não tinha nem o meu próprio consultório. Era uma sala, num edifício no bairro de Perdizes, que eu dividia com duas outras amigas, que passaram também a ser minhas sócias. Nós combinávamos as agendas para que, a cada dia da semana, uma de nós pudesse usar a sala para atender suas pacientes.

Depois de um tempo mudei para outra sala, também em Perdizes, mas em outro edifício. Aluguei esse espaço com outra amiga, que é nutricionista, mas a parceria não durou muito, pois logo ela saiu, ao mesmo tempo que eu me vi tendo que expandir o meu consultório — que, felizmente, estava crescendo muito rápido!

Nesse processo de expansão aluguei uma segunda sala, nesse mesmo prédio. E é nessas duas salas que eu realizo atendimentos até hoje. Ali foi o início de tudo e é um lugar muito especial para mim, é onde o meu mundo está.

Excesso de vaidade

Trabalho com estética, então é inevitável que eu me pegue refletindo muito sobre a vaidade no mundo, na sociedade, nas mulheres, mas também de onde a minha veio. Minha mãe sempre foi uma mulher muito ativa. Além de trabalhar fora de casa todos os dias, também tinha vida social e encontrava tempo para cuidar da família. Lembro que, quando eu era criança, ela era uma daquelas mães supervaidosas que estavam com os cabelos sempre pintados de loiro, escovados e perfeitos, sabe? Lembro que ela usava lentes de contato azuis e não havia quem conseguisse tirá-la de casa sem aquelas lentes.

Tenho lembranças dela se maquiando na frente do espelho, sempre cuidadosa e detalhista, enquanto aplicava o batom com perfeição e, como toque final, borrifava seu perfume. Como muitas meninas, eu queria ser como a minha mãe. Minha avó, que morava no andar de baixo, também era muito vaidosa; praticamente uma herança de família. Você nunca veria minha mãe ou minha avó desarrumadas. Hoje eu percebo que não tinha jeito de eu ser diferente: a vaidade foi praticamente programada em mim desde pequenininha.

A pressão do mundo da beleza existe para mulheres de todas as idades, em todos os lugares do mundo, mas acredito que é na adolescência que nos tornamos mais conscientes disso. Talvez não tenhamos essa consciência com 14 ou 15 anos, não exatamente sobre como tudo funciona, mas nessa idade você sabe que quer estar mais bonita, quer chamar a atenção.

Nessa época eu não me achava tão bonita, mas as outras pessoas diziam que eu era. Um dos meus amigos de escola brinca até hoje, dizendo: "A Marcela era sempre eleita a mais bonita da escola". Como boa leonina que sou, é claro, isso ficava na minha cabeça, e acredito que foi aí que começou essa cobrança mais pesada, mais consciente. Eu queria manter essa postura, sabe?

Durante a faculdade e no mercado de trabalho, então, nem se fala. Parte da identidade de uma mulher considerada profissional é ser vaidosa. Unhas feitas, cabelos arrumados, roupas bem ajustadas; são coisas que fazem qualquer mulher ser levada mais a sério numa entrevista de emprego, numa empresa, em eventos... A beleza, para as mulheres, também está ligada ao sucesso.

Então, conforme eu fui crescendo, essa questão da vaidade, de estar sempre preocupada com a minha aparência, também crescia. Isso afetava, claro, todos os aspectos da minha vida, do profissional ao pessoal. Nessa fase, cheguei a ter um relacionamento que, infelizmente, terminou devido a uma traição. Eu descobri que ele havia me traído com outra menina que tinha seios maiores que os meus, e, ingênua que eu era, essa situação me colocou em uma pira enorme com o meu corpo. Eu pensava o tempo todo: "Será que eu coloco silicone? Será que eu não sou bonita o suficiente porque meus seios não são tão grandes e por isso ele me traiu?".

A sociedade ensina as mulheres a, constantemente, não só se compararem umas com as outras, mas a competirem entre si. Nós crescemos com essa ideia de competição repetidamente martelada em nossa cabeça. Parece inconcebível que possamos ser tão bonitas quanto uma modelo famosa! Mas a verdade é que essas mulheres são tão normais quanto qualquer uma de nós, e podemos levar uma vida toda para aprender isso.

Conforme envelhecemos, vamos aprendendo a nos apreciar um pouco mais, cada uma à sua maneira e no seu tempo. Acredito que Deus me colocou nesse caminho, que Ele me fez passar por essas situações, esses perigos, justamente para que eu pudesse aprender a me amar mais e, assim, também pudesse ajudar outras mulheres a se amarem mais, sem se destruírem, como eu acabei fazendo.

Durante a tempestade, muita gente me dizia que lá na frente eu iria entender. E hoje sei reconhecer as experiências pelas quais passei e o que extraí delas. Agora percebo que essas vivências foram um presente, um presente divino que me foi concedido. Porque posso utilizar o excesso de vaidade que experimentei no passado para lidar de maneira mais interessante com as pacientes que também têm uma preocupação excessiva com a própria aparência.

Quando eu trabalho com pacientes excessivamente vaidosas, compreendo profundamente a pressão que elas sentem. Sei como abordá-las e como destacar os potenciais riscos de maneira sensível, porque já estive no lugar delas. Minha própria jornada pessoal me proporcionou esse benefício no meu trabalho. Sinto que cuidar dessas pacientes é como um dom, pois na minha cadeira encontro muitas pessoas que compartilham o mesmo excesso de vaidade que um dia foi meu.

Lidar com esse excesso de vaidade é desafiador. Mulheres incrivelmente bonitas, aparentemente perfeitas, muitas vezes buscam procedimentos sem necessidade. Essa experiência me ensinou a abordar esse tipo de situação de maneira cuidadosa.

Acredito que a vaidade é natural e que todos, homens e mulheres, devem cuidar de si mesmos. No entanto, percebo que para algumas pessoas é difícil estabelecer limites e evitar excessos, por isso procuro fazer isso na minha profissão, orientando meus pacientes para que não ultrapassem os limites do belo, mantendo um equilíbrio seguro para realizarem procedimentos estéticos.

QUEM É A MARCELA?

O que é que nos define de verdade?

Mas, afinal, quem sou eu, então? Hoje tenho uma percepção do meu passado e do quanto ele ainda está presente em quem eu sou hoje, e ainda assim é inevitável voltar no tempo ou olhar para trás para compreender as minhas ações, as decisões que tomei e os caminhos que percorri.

Talvez pareça fácil, para qualquer um que tenha visto meu nome em manchetes e meu rosto estampado nas notícias, acreditar que me conhecem, que sabem o tipo de pessoa que eu sou. Eu entendo. Não sou hipócrita e muitas vezes já me vi fazendo o mesmo julgamento. É muito fácil olhar para o outro, observar meros minutos da vida de alguém e acreditar que já entendemos tudo e sabemos exatamente quem aquela pessoa é. Quem nunca fez um julgamento precipitado que atire a primeira pedra!

Mas, quando olhamos para nós mesmos, só nós sabemos e entendemos todas as dores e as delícias que nos transformaram em quem somos hoje. É impossível definir um ser humano com base apenas em suas ações recentes. Todos nós somos um conjunto de todos os acontecimentos da nossa vida, das melhores lembranças aos piores traumas, dos marcos significativos aos menores detalhes. E é claro que eu não sou diferente.

A Marcela de hoje não é exatamente a mesma de ontem, que não é a mesma de um ano antes, que definitivamente não é a mesma de dez, quinze anos. Sei, no entanto, que carrego comigo todas as Marcelas que já fui no passado. Da Marcela de 8 anos — criada muito próxima dos avós, com muito amor, apenas aproveitando a infância sem se preocupar — à Marcela jovem — que já estava começando a entender as batalhas que precisaria enfrentar durante a vida.

Desde criança, muito pequena mesmo, eu já era bastante determinada. Alguém que insistia no que queria e não sabia ouvir um "não". E isso em qualquer situação, até nas maiores bobeiras! A Marcela da infância não aguentava escutar que não podia ir brincar lá fora porque estava doente, porque para ela não existiam limites. Ela se transformou na Marcela jovem adulta, que teve o sonho de cursar uma universidade e não desistiu até passar. Alguns chamariam de teimosia, mas eu vejo como persistência. Nunca fui de desistir fácil e vou continuar não sendo, disso eu tenha certeza. Acredito que essa foi uma das primeiras características que eu percebi ter sempre comigo.

Quando somos mais novos, não fazemos tanto essa conexão de que guardamos em nós todas as fases da nossa vida. Acho que isso começa na adolescência, quando começamos, de fato, a ter mais noção de como o mundo funciona, de como as pessoas são e passamos a trazer para a consciência a pergunta: quem sou eu? E é uma fase turbulenta: as emoções se afloram, as responsabilidades crescem e o estresse aumenta. Não existe mais tanto tempo livre nem tanta vontade própria, e tudo é um convite à introspecção.

É na adolescência que começamos a nos preocupar com o futuro, mesmo com pouquíssima ou nenhuma consideração pelo passado. Quem eu quero ser? Qual profissão eu quero seguir? E nós, mulheres, para além de tudo, sofremos com certas expectativas e normas sociais que acabam por ocupar tanto tempo e esforço — físico, emocional e psicológico — que fica difícil encontrar dentro de nós uma resposta clara. Será que quero ter filhos? Será que eu tenho, em mim, o sonho da maternidade? E, mesmo com um sonho, será que sou capaz? Mesmo que a resposta para todas essas perguntas seja "sim", será que vou conseguir um parceiro? Será que eu tenho tempo para isso?

Eu tenho certeza absoluta de que não fui a única a passar noites e noites acordada, pensando em todas essas questões. Acredito que você, só de ler todas elas, está se lembrando de tantas vezes em que passou por essa ansiedade, esse aperto no peito de não saber o amanhã.

Hoje em dia, eu procuro me reconectar o máximo que posso com meus aspectos do passado. Tento realmente olhar o que já aconteceu, o que eu já fiz e o que já construí. Eu olho para situações difíceis pelas quais passei, como doenças na família, e penso: *O que será que a Marcela daquela época estava pensando? O que ela estava sentindo?* Também penso muito nas partes boas, é claro, como a Marcela do passado que sonhava em ter seu próprio consultório e agora tem esse sonho concretizado.

Eu penso bastante. Em tudo, para falar a verdade, mas principalmente na importância de visualizarmos o futuro para poder conquistá-lo. Um exemplo muito importante disso era o meu sonho de viajar para a Índia. Desde muito nova eu tinha essa vontade. Eu tinha essa imagem de que seria um lugar lindíssimo, com uma cultura rica, comidas deliciosas e muitas coisas para ver, aprender e entender. E eu tive a oportunidade de confirmar tudo isso porque, depois de tanto tempo trabalhando e focando na minha carreira, eu consegui realizar mais esse sonho. Pode parecer algo bobo para alguns, mas foi marcante para mim. Eu tenho certeza de que a realização dessa viagem trouxe felicidade não só para a Marcela que foi para a Índia, mas também para a Marcela que sonhou com isso pela primeira vez.

Esse "olhar para trás" não só é importante para entender quem eu sou hoje, mas também me ajuda a garantir que a Marcela do futuro não perca as partes mais importantes e essenciais que se fazem presentes desde muito cedo. Quando penso na minha infância e em quem eu era quando criança, tento não ser tão dura comigo mesma e não julgar os meus erros, passados e futuros, porque todos nós estamos sempre aprendendo e evoluindo. Essa é a beleza de brincar com quem você é hoje, quem você foi ontem e quem você será amanhã, para se tornar todas as versões de você sem perder a própria essência.

Infância

Eu nasci e cresci em um sobradinho, humilde mas aconchegante, onde morávamos eu, meus pais e meus avós. Eu era filha única — e a única criança na casa por muito tempo — em meio a tantos adultos que, para a minha infelicidade, só sabiam trabalhar.

Meu pai trabalhava como autônomo, então estava sempre atrás de serviço, sempre fora de casa procurando algo novo, algo melhor para ter mais renda e poder fechar as contas no fim do mês. E minha mãe tinha um emprego, algo mais estável. Ela era chefe de recepção de uma clínica de fraturas, o que era mais consistente do que meu pai, mas não dava exatamente um rio de dinheiro... O meu avô, assim como meu pai, também trabalhava como autônomo. Os dois eram eletricistas, e o meu avô tinha ensinado a profissão para o meu pai.

Então, imagine só: nessa casa de cinco pessoas, três delas estavam sempre fora de casa, trabalhando o máximo de horas que podiam, vivendo rotinas bastante puxadas. Naquela época eu era pequena, não entendia como tudo isso funcionava, e, na minha cabecinha de criança, só o que eu sabia era que eles estavam "toda hora trabalhando". Isso tudo, para mim, era uma chatice sem tamanho. Hoje entendo muito melhor, mas naquele tempo era difícil porque eu me sentia muito sozinha. Muito provavelmente você também passou por isso durante a infância ou, quem sabe, passa por isso hoje, com os seus filhos, trabalhando dia e noite para dar o melhor para eles.

Fui criada quase inteiramente pela minha avó. E ela foi a presença mais constante na minha vida, principalmente durante a infância. As pessoas gostam de dizer que filhos únicos são mimados, e já vou logo avisando: fui mesmo! Fui mimada e não tenho a menor vergonha de admitir e gritar isso aos quatro ventos. Porque, felizmente, eu fui mimada de amor, e nem todas as crianças têm essa sorte. Nós não tínhamos muito dinheiro, é verdade, mas o que não tínhamos em bens materiais compensávamos em atenção, amor e carinho — principalmente meus avós.

Eu costumava passar a maior parte das tardes ao lado deles, sendo aquela criança que encantava os avós com toda e qualquer ação. Qualquer pedido que eu fizesse, eles prontamente atendiam — dentro das possibilidades, é claro. Se eu desejasse um doce, meu avô logo ia à vendinha do bairro para comprar. Se a vontade fosse brincar na rua, meu avô permitia. Se tinha vontade de comer um lanche diferente, minha avó se prontificava a prepará-lo. Até mesmo quando eu queria passear, lá estava minha avó, pronta para me acompanhar!

Como os meus pais trabalhavam muito, raramente tinham um horário certo para chegar em casa — afinal, o serviço precisava ser feito, e não tinha como deixar para o dia seguinte. Por isso eu passava todos os meus dias com a minha avó, e ela era a única pessoa que me fazia companhia. Sendo filha única, era a amiga que eu tinha para brincar.

Como contei antes, já na pré-escola, desde pequenininha, fui uma aluna bolsista. Quando cheguei à idade de iniciar os estudos, meus pais acharam uma escolinha perto da minha casa, particular, e conseguiram uma bolsa para que eu estudasse lá. Aquela foi uma mudança marcante, porque ali foi a primeira vez que encontrei outras crianças da minha idade para brincar. Imagine uma criança que só tinha a avó — que já não tinha disposição para as brincadeiras que eu queria fazer — de repente tendo tantas crianças para fazer amizade!

Ainda assim, lembro que meu primeiro dia de aula me deixou animada e ao mesmo tempo apreensiva. Eu sentia medo daquele lugar novo, estranho, cheio de gente desconhecida, e o pior: sem pais ou avós por perto para me salvar se fosse preciso! Acho que deve parecer assustador para qualquer criança, pelo menos até que ela tenha chance de se adaptar. Só que, surpreendentemente, essa adaptação, para mim, acabou sendo bem rápida! No mesmo dia, quando foram me buscar na escolinha, eu agarrei no corrimão da escada e chorei, não queria ir embora de jeito nenhum! Eu tinha conhecido outras crianças, tinha brincado o dia todo, tinha aprendido coisas novas e queria viver mais daquilo ali. A escola se mostrou, para mim, um mundo maravilhoso e cheio de possibilidades!

Foi dali, acredito eu, que começou essa minha relação tão positiva com a escola e com os estudos. Ficou bem marcado em mim que a escola era um lugar positivo, um lugar de acolhimento, de alegria, de crescimento.

Além de dizerem por aí que filhos únicos são mimados, costumam dizer também que são egoístas — e infelizmente serei obrigada a corroborar isso de novo. Não sei se por toda a vida, mas, para mim, durante a infância, isso ficou bastante claro. Afinal, uma criança não tem maturidade emocional para regular as próprias emoções e entender o mundo ao seu redor.

Dito isso, quando a minha tia, irmã da minha mãe, se separou do marido, ela passou a morar com a gente e trouxe suas duas filhas: minhas primas. Passamos todos a morar no mesmo sobrado, e foi nesse momento que eu tive minha primeira experiência com o sentimento de "perda", porque sentia ciúmes dela e tinha a sensação de que estava perdendo o amor e a atenção dos meus avós.

Assim, no início, como a "perfeita filha única" que eu era — e dramática como qualquer criança é capaz de ser —, me recusei a aceitar as minhas primas morando na mesma casa e dividindo a atenção dos meus avós comigo. Para mim, era inconcebível que elas estivessem ali! *É meu lugar, são meus avós!*, eu pensava. Eu tinha muito ciúme, estava sempre emburrada e fazendo cara feia, porque eu sentia que aquilo tudo era como uma traição, como se eu não fosse mais suficiente e eles não quisessem mais passar o tempo todo deles comigo e, talvez, até preferissem elas. Claro, crianças não entendem que as coisas não funcionam bem assim, mas é impossível ter noção disso com essa idade.

Mas, claro, com o passar do tempo — como tudo na vida — eu fui me acostumando. E então a menininha mimada, filha única, egoísta, que não sabia dividir sequer um minuto de atenção, foi percebendo que, na verdade, as primas passaram a ser uma companhia muito querida, e acabamos nos tornando quase irmãs. Sim, porque, querendo ou não, apesar de elas serem, em teoria, minhas primas, nós estávamos sendo criadas sob o mesmo teto, sob as mesmas regras, convivendo todos os dias, e isso sem dúvida forma um bonito vínculo de irmandade.

Quando aprendemos a conviver um pouco melhor, criamos uma relação muito gostosa, porque tínhamos idades muito próximas. Eu brinco que era como uma escadinha, um ano de diferença entre cada uma de nós: perfeitinho! É claro que ainda brigávamos muito, mas que irmãos não brigam? "Não brinca com as minhas bonecas!" "Não usa minhas roupas!" No fim das contas, tudo ficava bem porque éramos família.

Essa convivência foi muito significativa, e passamos por todas as dores e delícias de compartilhar a adolescência! Nós nos divertimos juntas, brigamos juntas, sofremos juntas e aprontamos tudo o que pudemos. De alguma maneira, deixar de "ser filha única" foi importante para me tornar quem eu sou hoje, e essa mudança brusca entre "querer ser o centro das atenções" e aprender a dividir foi essencial para que eu passasse a enxergar o mundo com outros olhos. Sou eternamente grata por ter crescido com as irmãs que a vida me deu.

Nessa mesma época — por volta dos meus 6 anos —, em que minha tia e minhas primas mudaram para o sobradinho para morar conosco, o meu avô, que sempre foi muito dedicado à família, acabou trazendo também seu outro filho — meu tio — para morar com a gente. Com ele veio a esposa, e não demorou para que ela engravidasse e eu ganhasse mais uma prima. Casa cheia!

Essa memória de casa cheia é a melhor sensação de família que tenho durante a minha infância. Quando penso em infância, é isto que vejo: família reunida dentro de casa, conversando, rindo e falando alto até demais! Mas era um prazer imenso para todos nós estarmos juntos. Não tínhamos aquela sensação de obrigação, sabe? O sobrado tinha espaço para todos, e éramos bastante felizes com essa proximidade.

Meu avô não apenas era habilidoso na cozinha, mas também cultivava uma verdadeira paixão pela culinária! A cada domingo, independentemente de quão tumultuada e estressante a semana pudesse ter sido, nos reuníamos para o clássico almoço em família. Era um momento delicioso, uma alegria que já se tornara sinônimo de domingo para mim. Meu avô assumindo o comando do fogão, enquanto o restante da família participava da animada bagunça, com crianças correndo, a televisão ligada e todos conversando na cozinha... Todos, exceto o meu pai.

Houve pouquíssimas ocasiões em que meu pai compartilhou esses almoços de domingo em casa conosco. Era mais frequente vê-lo almoçar na casa da mãe dele, minha outra avó, nos finais de semana, em vez de estar conosco. Essa dinâmica deixou uma marca significativa em mim, porque cresci bastante próxima da família da minha mãe, mas, em contraste, tive pouca proximidade com o lado paterno da minha família.

O lado da minha mãe sempre foi muito unido, e, quando meu tio se mudou para o sobrado com a gente, isso se intensificou ainda mais. No entanto, logo a vida deixaria de ser tão doce e ingênua, e foi através da história desse meu tio que eu tive a minha primeira, e mais marcante, experiência com doenças e as complicações que acontecem nesse tipo de situação.

Primeiros contatos com a dor das doenças

Eu estava no início da adolescência quando tudo aconteceu. Eu ainda era muito jovem, mas gradativamente começava a compreender mais sobre a vida. O que aconteceu foi uma tragédia, um acidente, embora seja mais simples rotular a situação como uma "doença".

O que se desenrolou em um momento, em uma questão de segundos, foi estarrecedor e inerente à natureza imprevisível da vida. Esse acontecimento transformador alterou radicalmente o curso das nossas vidas a partir daquele instante.

Meu tio, irmão da minha mãe, assim como meu avô e meu pai, também era eletricista. A profissão foi passada de geração para geração e todos trilharam o mesmo caminho, compartilhando uma conexão única na família.

Nessa época, meu tio estava executando um trabalho em um lava-rápido, fazendo seu serviço de eletricista — como sempre fazia. Assim como meu pai e meu avô, ele era bastante dedicado e estava sempre na ativa, procurando novos serviços para poder trazer dinheiro para a família. Naquele dia estava com uma furadeira na mão, em cima de um andaime e concentrado em sua tarefa, quando tudo rolou. Não se sabe se ele escorregou, se tropeçou ou o que exatamente aconteceu, mas ele caiu desse andaime, dentro do tanque de água e sabão.

Quando foi tentar sair, encharcado dos pés à cabeça, ainda segurando a furadeira em uma das mãos, ele encostou em um poste próximo, na tentativa de se equilibrar, mas aquilo era uma estrutura que tinha alta tensão de energia. Infelizmente, tudo aconteceu tão rápido que ninguém pôde fazer nada. Ele acabou recebendo uma descarga altíssima e ficou sem oxigênio no cérebro. Ali, é claro, não tinha ninguém que soubesse fazer os primeiros socorros necessários para ajudá-lo, e, assim, a maneira como ele passou a viver depois disso não foi nada fácil.

Eu tenho uma lembrança muito vívida de quando recebemos a notícia do que havia acontecido. Apesar de ter por volta de 12 anos, eu era uma criança muito inocente, diferente das crianças de hoje, que parecem amadurecer cada vez mais rápido. Naquela época, eu ainda brincava de boneca. Então, quando me falaram que meu tio estava em coma, eu compreendi aquilo de maneira muito superficial. Eu sabia o significado da palavra, mas não tinha noção da gravidade da situação.

Lembro claramente da minha tia, antes de sair para o hospital, falando para minhas primas e para mim: "Vocês ficam aqui". Ficamos juntas, mas um pouco apreensivas, claro — eu e minhas primas, as duas mais velhas e a mais nova, filha desse meu tio, que não devia ter mais do que 5 anos. Lembro de estarmos todas sentadas no quarto dos meus avós sem entender bem o que estava acontecendo, e um turbilhão de coisas passava pela minha cabeça.

Meus avós explicaram o que tinha acontecido, dizendo que precisávamos ficar calmas e que tudo ia ficar bem. Lembro de sugerir que a gente rezasse. Eu fui criada em um colégio católico, mas, com uma família parte umbandista e parte kardecista, inevitavelmente a espiritualidade sempre foi uma questão forte para mim. Naquele momento, era o que eu tinha para me acalmar e encontrar algum tipo de conforto, além de ajudar a família a sentir que, pelo menos, estávamos fazendo alguma coisa, já que não adiantava nada irmos todos para o hospital.

Depois desse dia, todo o nosso mundo mudou. Meu tio permanecia em coma, e a família toda precisou se adaptar para viver em volta disso e lidar com essa situação, tentando ajudar de todas as formas possíveis. Minha mãe ficava para cima e para baixo tentando ajeitar tudo para facilitar a rotina dos meus avós. Por conta disso, eu ia bastante para o hospital com ela, e tenho muitas lembranças desse ambiente. As minhas primas também iam, claro, mas, por minha mãe ir com maior frequência, acabei estando sempre presente lá também.

Ver meu tio naquela situação foi um baque enorme para mim, e acredito que para as minhas primas também. Quando essa situação toda ocorreu, ele estava com 27 anos. Ele faleceu aos 45 anos, ou seja, passou todo esse tempo em coma.

Antes do acidente, ele estava sempre bem-disposto, era um cara alegre. Mesmo casado, o ordinário era muito baladeiro! A ponto de chegar em casa só de madrugada. Ele adorava sair, se divertir com os amigos, dançar, beber... Curtir mesmo, como qualquer um gosta, né? Saía para se distrair, para dar umas risadas, criar boas memórias... E quando eu vi aquele tio, normalmente tão vivaz, desacordado numa cama de hospital, ligado àquele monte de fios e máquinas, foi uma pancada enorme no meu emocional.

Minha mãe e meus avós sempre incentivavam que eu e minhas primas falássemos com ele. E como nós tentávamos! Toda vez que íamos visitá-lo, falávamos qualquer coisa que surgisse na mente para tentar nos comunicar com ele, mas nunca tínhamos resposta. Claro que não... Essa sensação de ver o meu tio daquele jeito e tentar falar com ele, sabendo que não haveria uma resposta, me perguntando se ele ao menos conseguia me ouvir, ficou marcada demais na minha mente.

Depois de um bom tempo nessa situação, um dia um dos médicos do hospital nos reuniu e disse para meus avós e minhas tias que nós, a família, teríamos que fazer uma escolha difícil. A escolha era entre continuar da maneira como estávamos — com o meu tio ligado a equipamentos, sem conseguir se comunicar — ou desligar as máquinas. Os médicos chegaram a argumentar que a melhor opção seria desligar tudo, mas meus avós se recusaram a fazer isso.

Na cabeça dos meus avós, e eles explicaram isso para os médicos, havia a crença de que se ele ainda estava ali, o cérebro dele estava, de alguma maneira, funcionando, então não teria possibilidade alguma de eles desligarem os equipamentos. Só que continuar no hospital seria muito oneroso financeiramente. Com isso, nos vimos obrigados a montar praticamente uma UTI no sobrado.

Um dos cômodos no andar de baixo, próximo do quarto em que meu tio morava com a esposa, foi todo reformado e adaptado para ele, com cama hospitalar, equipamentos respiratórios, sonda nasogástrica... Tudo o que era preciso para cuidar dele — em termos de equipamentos — estava lá. Nós não tínhamos grandes condições financeiras, mas meus avós se viraram como puderam para montar esse quarto para ele. É muito caro ter um doente em casa, ainda mais contando com consultas e apoio médico, como fisioterapeuta, fonoaudióloga e tudo mais que ele fosse precisar com outros profissionais.

Com o quarto montado, só faltava organizar como seriam esses cuidados a partir do momento que ele voltasse para casa. Nossa rotina teria que mudar, e mudou. Tudo em casa girava em função do meu tio. No início, minha tia e minha mãe alternavam as noites em que dormiam no quarto ao lado dele. Mas todos nós estávamos sempre lá no quarto, interagindo com ele de alguma maneira. Meus avós insistiam em sempre se comunicar, mesmo ele ali vegetando, incapaz de responder.

Depois de um tempo, ele começou a mostrar sinais de que estava respondendo. Pouco a pouco, desenvolveu algumas habilidades, como uma criança que está aprendendo tudo pela primeira vez. Aquele homem enorme, de um metro e oitenta de altura, agora começava a se comunicar como um bebê. Demorou bastante, mas conseguimos ver alguma evolução na situação dele. Eventualmente, minhas primas e eu fazíamos uma brincadeira com ele, inventando musiquinhas que nós cantávamos apenas um pedaço e ele completava. Claro, foi um processo longo e árduo para chegar nesse estágio, mas foi uma alegria perceber quão longe ele tinha chegado.

Nos primeiros meses depois da mudança do hospital para casa, quem carregava meu tio para cima e para baixo, quando precisava, era o meu avô, que tirava forças não sei de onde. Apesar da evolução, aos poucos meu tio foi ficando mais debilitado, e minha tia, irmã dele, se mostrou uma grande guerreira nessa história toda. Ela morava na parte de baixo do sobrado e foi quem mais cuidou dele. Ela trocava fralda, sonda, conversava com ele... não tinha má disposição para nada.

Só que, com o passar do tempo, nosso lar foi perdendo a alegria e a familiaridade de antes e a casa virou um grande ambiente hospitalar. Não tinha mais uma separação entre lar e hospital, era tudo a mesma coisa para todos nós, principalmente para meus avós, minha mãe e minha tia, que passavam praticamente todo o tempo "livre" que tinham revezando-se para cuidar do meu tio. Para nós, as crianças, acredito que a maior mudança foi emocional. Antes, morando todos juntos, existia uma alegria, uma vivacidade por toda a casa. Agora, mesmo que estivéssemos todos juntos, o ambiente havia se tornado mais pesado e melancólico.

Como eu morava na parte de cima do sobrado, para mim era bem mais fácil fugir daquilo e procurar alguma distração; já minhas primas tinham que conviver com isso o tempo todo. Em alguns momentos, lembro bem de nem sequer conseguir olhar para o quarto dele. Eu fazia o máximo que podia para nem passar pela porta, porque me dava um aperto no peito e era muito difícil. Depois que meu tio faleceu, por várias noites, eu sonhava com ele — às vezes isso ainda acontece; sonhava com esses momentos em que eu tinha que passar na frente da porta do quarto, sem conseguir olhar lá para dentro.

Meu tio ficou nessa situação por cerca de dezoito anos. E, apesar de lembrar de alguns detalhes, até hoje tenho dificuldade para ter uma memória clara e concisa de tudo o que aconteceu durante esse longo período, principalmente quando se trata das lembranças do meu tio. Sinto que meu cérebro tentou me proteger, bloqueando diversas lembranças.

Uma situação como essa não traz só tristeza, infelizmente, pois afeta todos aqueles que estão ao redor. E uma das dores trazidas por essa tragédia que mais me marcou ao longo desse período foi ver minha avó deteriorando, praticamente junto ao meu tio. Afinal de contas, mãe é mãe. Ela ficou extremamente abalada, mas seguia ali, dia e noite, cuidando dele.

Não sei dizer exatamente quanto tempo depois do acidente do meu tio, mas a minha avó recebeu um diagnóstico de câncer de mama mais ou menos nessa época. Até hoje eu acredito que esse câncer teve um fundo emocional; ainda mais sendo de mama, é uma coisa tão materna... E, quando recebemos essa notícia, foi mais um baque para todos nós!

As idas e vindas ao hospital voltaram a ser uma situação frequente, e a minha mãe era quem sempre levava minha avó até lá, para fazer quimioterapia, ir a consultas e tudo mais. Muitas dessas vezes, assim como foi com meu tio, eu as acompanhava. Infelizmente, um pouco depois do diagnóstico, ela teve metástase e o câncer acabou se espalhando para a cabeça. E, assim, a minha avó — minha melhor amiga de infância, minha parceira e quem mais tinha me mimado na vida —, como o meu tio, também acabou entrando em um estado vegetativo. Mais uma pessoa, e mais um cômodo da casa que se tornou um hospital.

Por mais triste que fosse vê-la naquela situação, decidimos manter os almoços de domingo em família, porque era importante para nós que pudéssemos aproveitar todos os momentos que ainda tínhamos com ela, que tinha cuidado tão bem de todos. Num certo domingo, decidimos fazer um almoço um pouco maior que o tradicional, convidando toda a família — até aqueles que não moravam no sobrado, e olha que a família era grande!

Não esqueço até hoje que o prato do dia foi baião de dois, mas por que me lembro tão bem disso é um mistério! Passamos o dia todo naquele corre-corre para fazer a receita, separando e preparando todos os ingredientes, decorando a mesa e tudo mais. Foi então que a minha avó começou a passar mal, e a pressão caiu de maneira bem preocupante, era como se já não conseguíssemos sentir os sinais vitais dela. Lembro de estar vendo toda aquela comoção e, de repente, começar a pensar: *mas por que isso está acontecendo logo no almoço de hoje? Com a família toda?* Estava tudo caótico! Ela passando mal, nós ainda esperando algumas pessoas da família que não tinham chegado, todo mundo um pouco estressado... Então decidi ir tomar um banho.

Como já disse, eu morava na parte de cima do sobrado, que tinha acesso por uma escada pelos fundos da casa. O banheiro tinha uma janela que dava para ouvir o que acontecia no quintal do andar de baixo. Enquanto eu subia a escada, algo me fazia pensar e sentir que logo a minha avó já não estaria com a gente. Eu pensava: *Será que vai ser hoje?* E então, durante o banho, eu vi a minha avó e ela dizia "Filha, eu vim... Eu estou indo embora, tá bom?", e eu lembro de responder "Tá bom, vó, vai". E, exatamente no momento em que falei "vai", comecei a escutar as vozes de todos no andar de baixo, gritando e chorando. No meu coração eu já sabia: "Minha avó se foi".

Não demorou nem cinco minutos e o meu pai entrou no banheiro. Talvez isso seja estranho para você, mas nós éramos uma família muito tranquila com essa coisa de porta aberta, era algo bem comum. Ele chamou o meu nome e, antes que ele pudesse falar mais alguma coisa, eu falei: "Eu já sei, a minha avó partiu". Ela tinha esperado a última pessoa da família chegar em casa para poder partir. E, como éramos uma família cheia de médicos, lembro que alguém da própria família atestou a morte dela.

Toda a minha família sempre foi muito espiritual. E, vez ou outra, a minha avó recebia entidades. Uma dessas entidades que ela encarnava nós chamávamos de "Pretinha", e eu gostava demais dela! Sempre que estávamos só a minha avó e eu, a Pretinha vinha nela. Aliás, uma das últimas conversas que eu tive com a minha avó enquanto ela ainda estava lúcida — antes de o câncer tomar conta de tudo — foi sobre esse dom dela. Durante essa conversa, a Pretinha veio e me falou que, quando a minha avó partisse, precisaria de alguém para ficar com o dom dela, e eu, inocente, disse para não se preocupar que eu ficaria!

Quando a Pretinha foi embora e a minha avó voltou, ela perguntou: "Te pediram uma coisa, não pediram? Você aceitou?", e eu respondi que sim. A verdade é que desde pequena eu via e escutava coisas que eu sabia que "não estavam lá", digamos assim, e minha avó chamava isso de intuição. Mas depois desse dia tudo ficou mais sério, mais pesado. Acabei aprendendo a escutar essa minha intuição, a dar atenção a ela, mas foi só através da minha avó que aprendi a abraçar isso tudo com maior consciência da minha espiritualidade.

Foi muito triste perder minha avó, mas eu sabia que seguíamos conectadas de outras maneiras. E é claro que o falecimento dela afetou a família toda, principalmente minha mãe. Ela ficou completamente sem estrutura e passou de uma pessoa forte, guerreira, para alguém completamente sem rumo — foi a gota d'água para ela desmoronar, e desmoronou. Por mais ou menos um ano e meio, de uma maneira muito estranha, minha mãe parou de agir como minha mãe e começou a agir como minha avó.

Foi uma espécie de luto, hoje eu vejo isso com clareza, mas na época eu não entendia muito bem por que aquilo estava acontecendo. Ela falava como a minha avó, agia como a minha avó, se vestia como a minha avó... Eu sabia que era parte da dor dela e, por isso, por muito tempo eu fiquei calada, porque entendia que estava num processo de cicatrização. Para mim foi uma espécie de luto também, porque, além de ter perdido a minha avó, eu sentia que estava perdendo também a minha mãe, porque ela não era mais a mesma.

Eu estava no auge da adolescência, já tinha sofrido de maneira imensurável com a situação do meu tio e da minha avó, a última coisa que eu precisava agora era perder também a minha mãe. Claro, ela sofria e precisava de espaço, e eu tentei dar isso a ela, mas era muito difícil ver a minha mãe ali comigo, sabendo que ela não era a mesma de antes. Isso desencadeou na minha mãe uma depressão e uma síndrome do pânico.

Demorou um bom tempo até que eu tivesse coragem de dar um chacoalhão na minha mãe para lhe dizer que o que ela fazia não estava apenas machucando ela, mas a mim também — eu amava a minha avó, mas não queria que minha mãe se tornasse ela, eu queria que minha mãe fosse simplesmente a minha mãe! Felizmente, depois dessa conversa, senti que ela compreendeu algumas coisas e foi melhorando, mas demorou bastante.

Quando eu tinha 16 anos, minha mãe perdeu a visão. Ela desenvolveu uma patologia chamada ceratocone, na qual a córnea afunila e o paciente, pouco a pouco, vai perdendo a visão, até não enxergar mais nada. A única maneira de corrigir ou curar isso é por meio de um transplante de córnea, mas minha mãe chegou a realizar esse procedimento duas vezes e nunca deu certo. Hoje em dia ela não está completamente cega, mas enxerga alguns vultos.

A adolescência já costuma ser uma fase turbulenta, mas a minha conseguiu ser excepcional. Tudo isso aconteceu na minha vida em um espaço de tempo muito curto, em poucos anos, enquanto eu ainda morava naquele sobrado com toda a família. O acidente do meu tio, a morte da minha avó e a doença da minha mãe foram momentos muito marcantes e traumatizantes para mim. Comecei a me perguntar: "Mas será que minha vida vai ser sempre assim? Eu vou estar sempre cercada de doença, desgraça, tristeza?". E, conforme fui crescendo e pensando cada vez mais nessas questões, eu me revoltei, porque aquilo não estava certo; a vida tinha que ser mais do que isso! Até então a única coisa que eu conhecia era esse tipo de vivência: doença e sofrimento. Mas acreditava que tinha que ter um lado melhor, um lado mais alegre.

A relação com o meu avô

Existe um ditado que diz que "pai é quem cria". Eu não cresci sem pai, mas também não cresci com um pai muito presente, como já contei. Então, quando penso na maior figura paterna da minha vida, lembro do meu avô. Desde pequenininha, ele sempre foi o meu exemplo de homem. Nós não tínhamos dinheiro, não tínhamos bens, não éramos privilegiados, mas, se tinha algo que meu avô tinha de sobra, era amor.

Eu fui a primeira neta, então não tinha como não ter sido uma criança extremamente mimada. Já contei como a minha avó praticamente me criou e me mimou com tanto amor e atenção; e com meu avô não foi diferente. Até hoje fico embasbacada como aquele homem praticamente criava mais tempo no dia só para poder brincar e passar horas comigo.

Tudo o que eu queria fazer, o meu avô topava. Vamos brincar lá fora? Vamos. Vamos brincar de casinha? Vamos. Vamos passear e ver as luzes de Natal? Vamos! Coisa de criança mesmo. Lembro dele construindo para mim uma casinha de brincar feita de papelão; coisas simples, mas que se tornaram memórias importantíssimas na minha vida.

Assim, ele se tornou a figura masculina mais próxima e acolhedora que eu tinha. Não só na infância, mas também na adolescência. Tenho diversas recordações dos meus pais brigando comigo por algum motivo — fazer bagunça, tirar nota baixa, coisas normais da vida — e eu correndo para o andar de baixo, indo pedir colo para o meu avô. Já mais velha, quando começaram os namorinhos, era com ele que eu conversava. Era nele que eu via um exemplo de homem, que tinha todas as características que eu deveria procurar em um parceiro: alguém que amava a família, cuidava das crianças, era carinhoso com a esposa.

Apesar de ter frequentado um colégio católico e feito até a minha primeira comunhão, minha família ainda tinha uma conexão muito grande com o espiritismo e a umbanda, como mencionei. Isso era uma parte muito importante do meu relacionamento com o meu avô; nós tínhamos muitas conversas bastante espirituais, sobre o Universo, nossas almas... Nós dois tínhamos uma conexão muito profunda, que sentíamos só de olhar um para o outro. Se eu estava mal, apenas com um olhar ele era capaz de me confortar.

Sempre tive muito orgulho dele, sabe? Além de vê-lo como um homem dedicado à família, trabalhador, bondoso e empenhado dentro de casa, ele também era alguém que eu tinha muito orgulho de apresentar para os meus amigos. Eu era aquela criança chata que ficava sempre falando "Ai, porque o meu avô isso..." "Ah, o meu avô aquilo...", eu era a fã número um dele!

Meu avô era uma pessoa muito forte, mas acredito que todos têm os seus limites. E, infelizmente, depois que minha avó partiu, ele não demorou a adoecer também. Ele tinha uma hérnia que começou a crescer muito rápido... e era teimoso! Queria sempre cuidar dos outros, mas nunca encontrava tempo para cuidar dele mesmo.

Ele não parava nunca. Estava sempre pensando em trabalhar mais um pouquinho, juntar um pouco mais de dinheiro, tanto para manter a nossa vidinha no sobrado quanto para continuar o tratamento do meu tio, que permanecia em coma. Mas a conta chegava de vez em quando... Nunca me esqueço de um dia em que ele chegou, estacionou o carro na garagem e não saiu de lá por um tempão, porque estava com tanta dor que não conseguia levantar.

Além de tudo, ele se recusava a nos contar os exatos detalhes do que estava acontecendo. Era sempre "Ah, deixa pra lá" ou "Não, é a idade que chega, nada de mais". Até hoje, confesso, não sei o que aconteceu com ele, qual era a condição que se desenvolveu nele.

Meu ex-marido e eu tínhamos programado uma viagem durante um feriado, e eu lembro de comentar com ele que sentia que meu avô não estava bem, que eu estava sem clima para viajar por causa disso. O combinado era sair de casa na sexta-feira, para passar o final de semana prolongado, mas já ali eu tive uma sensação ruim e não quis pegar a estrada.

Tenho a recordação exata de estarmos num bar, curtindo a noite com os amigos, quando o meu avô foi internado no Incor, o Instituto do Coração, em São Paulo. Estávamos todos bêbados, mas eu insisti que queria, que precisava ver o meu avô, senão não conseguiria viajar de jeito nenhum. Eles concordaram e fomos todos em um carro; eles rindo, porque estavam bêbados, e eu preocupada, porque já sentia que algo estava por vir.

Eu ainda trabalhava no Hospital das Clínicas nessa época, então, por sorte, tinha fácil acesso ao Incor, mesmo não sendo horário de visita. Confesso que abusei um pouco do meu crachá, mas eu estava focada, precisava ver o meu avô e não me arrependo. Corri para a enfermaria — porque ele não estava num quarto — e lembro dele levantando calmamente. Ele era muito brincalhão, estava ali tranquilo, jogando conversa fora com os enfermeiros como se não estivesse doente.

Quando eu cheguei, ele me apresentou, todo orgulhoso: "Essa é minha neta, que trabalha aqui no Hospital das Clínicas" — coisas de avô, né? Eu perguntei se ele estava bem, e ele disse que sim. Expliquei que tinha sentido que não devia viajar e ele me incentivou a ir, a aproveitar o feriado e não esquentar a cabeça com ele. Então nós fomos, apenas eu e o meu ex-marido, mas confesso que ainda estava um pouco apreensiva.

Já na primeira madrugada dormindo no litoral, sonhei com o meu avô o tempo inteiro, e, no sonho, assim como minha avó havia feito anos antes, ele também vinha se despedir de mim. Ele era o meu maior exemplo, o meu tudo! E durante o sonho eu pude conversar um pouco mais com ele, já que não foi tão sucinto quanto a minha avó.

Ele me disse: "Obrigado por você ter ido ao hospital, foi muito importante para mim. Eu estava esperando você ir até lá para que eu pudesse ir embora. Eu vou partir, então vim me despedir de você, mas fica tranquila, vai ficar tudo bem. Eu vou estar sempre aqui, e você sabe disso. A partir de agora, você consegue me chamar, consegue falar comigo, mas de um outro jeito, porque o vô tá indo embora". E eu lembro de responder: "Que bom que eu fui, senão ia me arrepender para o resto da vida", e nós demos risada. E então o celular tocou.

Nós acordamos ainda meio sonolentos, mas eu lembro de dizer ao meu ex-marido: "Meu avô morreu. Atende o celular, porque o meu avô morreu!". E eu estava certa. Foi estranho, porque, em vez de ficar muito triste — o que era de se esperar —, fiquei feliz, porque eu tinha ido me despedir dele. Dei graças a Deus que eu fui e fiquei muito aliviada e, de alguma maneira, até alegre por ele ter vindo se despedir no meu sonho.

Na volta para São Paulo, pegamos estrada e foi difícil, mas eu tinha a calma no coração porque, apesar de ter me despedido dele, ainda tínhamos uma conexão muito significativa. Foi uma sensação que até hoje é difícil de colocar em palavras, foi realmente indescritível!

Do pouco que lembro, os médicos mencionaram que havia sido uma parada cardíaca e ele não havia sofrido, mas eu sabia que tinha passado por um sufoco. No sonho, logo antes de ele aparecer, eu me sentia sem ar, como se eu mesma estivesse sufocando. Depois que eu soube a causa da morte dele, entendi o porquê daquela sensação durante o sono. Mas ele foi, tranquilo, encontrar o filho querido e a esposa, que era o grande amor da vida dele.

Eu sei que não seria quem sou sem a minha família toda, mas o meu avô sempre teve um lugar mais do que especial em mim. A presença dele é algo que sinto comigo o tempo inteiro. Parece que eu simplesmente sei que ele sempre está aqui, junto de mim. Tudo que eu escuto, um barulhinho aqui ou ali que me faz questionar se estou enlouquecendo, sei que, no fim das contas, é só ele me dando um recado.

Pode parecer besteira ou exagero, mas eu sinto que o meu avô era, e continua sendo, a minha maior estrela-guia, a minha fonte de força para aguentar as dificuldades da vida. A presença física dele comigo era uma grande alegria, e eu sinto saudade todos os dias. Porém eu sei que, em espírito, ele sempre estará aqui para me proteger, para me guiar. Mesmo tendo partido de corpo, a energia dele segue comigo, para me dar a clareza, a leveza e a força que eu preciso para enfrentar os momentos ruins, mas também para aproveitar os bons.

VOCÊ É FORTE

*Quanto da nossa força é
reflexo do nosso passado?*

Depois que fui presa, ouvi de muitos amigos e familiares que eu era uma mulher forte. Será mesmo? A verdade é que, até então, eu nunca tinha me visto assim, e de alguma maneira essa percepção dos outros foi o que me fez passar a olhar para a minha própria história na intenção de tentar compreender de onde vinha essa tal força.

Eu acredito que nós somos o resultado da soma de todas as experiências que vivemos, sejam elas boas ou ruins. Todos nós passamos por dificuldades — em proporções e áreas diferentes, claro —, mas são esses desafios que acabam nos tornando mais fortes. Eu nunca me vi como uma pessoa particularmente forte. Não que eu me achasse fraca, longe disso, mas acho que, se tivessem me perguntado quais palavras eu usaria para me descrever, "forte" não estaria no topo da lista. Simplesmente não era algo que eu associava tanto assim a mim mesma, pelo menos não até pouco tempo.

As pessoas ao meu redor, durante toda a minha vida, sempre elogiavam a minha força: "Nossa, Marcela, como você é forte". E na minha cabeça eu achava que eles me viam quase que usando uma armadura mesmo, para que nada me atingisse. Eu não entendia como podiam me enxergar assim, já que eu mesma me sentia bastante fragilizada. Foi só quando eu realmente tive que enfrentar o dia da prisão e o peso emocional daquela situação toda que entendi o que todos os meus amigos e familiares falavam para mim há tanto tempo.

No Fórum de São Paulo, as coisas acontecem por ordem de chegada. E, assim que cheguei, já havia uma senhora na cela, então eu fui a segunda a entrar ali naquele dia. Conforme o tempo foi passando, mais meninas foram chegando. A primeira coisa que eles fazem antes de nos colocar naquele lugar é nos revistar; juro, parecia coisa de filme! Você tem que ficar nua, agachar em cima de um espelho... É uma sensação de humilhação tão grande que eu nem consigo descrever em detalhes. Hoje, quando penso nisso, parece um borrão na minha mente; tudo aconteceu muito rápido, e eu tinha pensamentos demais para registrar tantas informações.

Outra coisa da qual me lembro claramente é que as duas policiais que fizeram minha revista perguntaram o motivo de eu estar ali, mas elas já sabiam quem eu era, então começaram a falar sobre estética, sobre os procedimentos que elas faziam e o que eu aconselharia elas a fazerem. Sério mesmo?

Depois da revista, passamos para a foto do registro: a foto oficial. Para isso, no caminho até lá, somos obrigadas a passar pela ala masculina, e a sensação de vulnerabilidade é horrível. Os policiais falam para olharmos para baixo, mas é inevitável desviar o olhar uma vez ou outra, porque há um pouco de curiosidade que se mistura ao receio do que está acontecendo ali. Da mesma maneira que eu fui revistada, nua e agachada, os homens ali passavam pelo mesmo processo, mas, diferentemente da ala feminina, em que a revista é feita uma por uma, a revista deles é feita em grupo, com vários ao mesmo tempo. Foi horrível ver tantos homens pelados e agachados.

Foi depois de tudo isso, já sentada na cela, que eu comecei a realmente registrar tudo aquilo ao meu redor, o que estava acontecendo comigo, onde eu estava... No dia em que fui presa, passei a noite na delegacia e depois fiquei no fórum das 9h às 17h, um dia inteiro praticamente. Uma coisa que me chamou a atenção, conforme mais e mais mulheres chegavam na cela, é que todas, exceto a primeira senhora — e eu —, tinham cometido algum crime por causa de homens.

Eu vi, pela primeira vez na vida e de uma maneira muito intensa, o quanto essas mulheres que viviam nessa realidade — porque, pelas histórias que eu ouvi, todas tinham realidades muito semelhantes — eram unidas. Com o perdão da sinceridade, a verdade é que estávamos na merda e tudo o que eu conseguia perceber era esse senso de sororidade surgindo ali na cela. Não tinha como ver aquela situação de outro jeito. Todas elas estavam se apoiando, conversando umas com as outras para se acalmarem, dando apoio emocional... Se uma passava mal, a outra ajudava. Foi realmente interessante perceber aquilo. Se algum dia alguém tivesse me perguntado como eu imaginaria uma cela, posso garantir que eu não teria descrito esse cenário da maneira como vivi.

Eu, em certo momento, estava muito apertada para ir ao banheiro. Na cela não existia uma privada ajeitadinha, com porta para separar... nada disso! Era um buraco no chão e pronto, essa era a única opção — e eu realmente estava apertada, mas não conseguia me sentir à vontade para usar aquilo. Eu não precisei falar nada, e logo uma das meninas, que era bem brincalhona e extrovertida, percebeu que eu estava aflita no meu canto, sem tirar os olhos do buraco. Ela levantou e falou "Vem, vou te ensinar" e, antes que eu pudesse me dar conta do que estava acontecendo, ela me mostrou onde segurar, onde apoiar as mãos para não cair, e eu consegui me aliviar. Eu nunca tinha passado por aquilo na vida! E eu não digo a situação de usar um buraco no chão como banheiro, claro, mas principalmente a sensação de ser acolhida por completas estranhas em um cenário surreal como aquele. Eu cresci acostumada a ouvir que mulheres eram concorrentes e precisavam sempre competir, então ver todas aquelas mulheres se ajudando, se apoiando, prestando solidariedade umas às outras, com calma e compaixão, sem competição, sem briga, foi um dos aspectos mais impressionantes da prisão na minha mente.

Depois de um tempo, na parte da tarde, passei pela audiência de custódia, e é nessa audiência que eles decidem o que vai acontecer com você. Mesmo se você tiver a fiança paga para sair em liberdade, esse não é um processo muito rápido; é preciso esperar até o fim do dia de trabalho, quando acontece uma movimentação de quem é preso, quem vai sair com fiança e quem está sendo liberado... Nessa hora, a ala, que antes era só feminina, vira uma ala misturada, com todos que já têm suas sentenças.

Quando essa mistura aconteceu, eu vi que, na verdade, muita gente ali já se conhecia. Quando todos os sentenciados estavam juntos, começou uma gritaria, várias conversas acontecendo ao mesmo tempo, mais parecia uma festa que uma prisão! "Nossa, você está aqui! Quanto tempo pegou? Como vai ficar?", e a sensação que eu tinha é de que eles perguntavam muito mais para saber aonde cada um estava indo, com o intuito de ajudar uns aos outros. "Você vai para tal lugar? Eu conheço fulano lá, procura ele quando chegar." Viver e ver tudo aquilo foi um choque de realidade bem grande para mim!

E eu não sei esconder minhas emoções, sabe? Sou uma pessoa intensa nas minhas reações. Comigo não existe apatia, eu vou do oito ao oitenta rapidinho, e ali eu fico. Sou chorona, dramática... não tem o que fazer, essa sou eu. Mas, naquele dia no fórum, eu não sei o que aconteceu, porque tudo foi completamente diferente. Eu não estava feliz, não estava satisfeita, claro, estava indignada, mas tinha uma certa calma. Eu, sentada ali, olhando tudo aquilo ao meu redor, pensava: *a situação agora é essa. Não tem pra onde correr, só dá pra esperar e ver o que vai acontecer.*

Foi mais ou menos nesse momento que virou uma chavinha dentro de mim e eu comecei a me dar conta da força que os meus amigos costumavam falar. Bem ali, passei a rever todos os episódios difíceis da minha vida, das doenças e fatalidades na família às dificuldades profissionais... eu sempre tinha sido resiliente diante de tudo. Eu nunca tinha parado para perceber, de fato, que eu tinha essa capacidade de ser uma fortaleza nos momentos mais desafiadores. E era algo natural, eu não pensava em ser forte, eu simplesmente era!

Eu ainda sou chorona e dramática, isso nunca vai mudar, mas ali eu percebi que esse meu drama, essa cena que eu faço, acontece sempre em momentos menores, de dificuldades mais brandas. Uma chatice ali, um empecilho aqui, mas nos momentos pesados, em que eu precisei me segurar e amparar a minha família, eu mantive a compostura: coloquei a força à frente da dor e do medo.

Talvez aqueles que não me conhecem direito, que não são muito próximos de mim, vejam a Marcela apenas como uma menina brincalhona, que não leva as coisas a sério, mas não, é justamente o contrário. O meu jeito brincalhão, o meu bom humor e a minha habilidade de tornar as coisas mais leves — hoje eu sei — são as exatas ferramentas que eu uso para ser capaz de me manter forte nos momentos em que eu e aqueles que eu amo mais precisamos dessa minha força.

É claro que, depois de tudo o que aconteceu, eu fiquei muito mal por algum tempo, psicologicamente falando. Nem teria como não ficar, mas hoje percebo que consegui seguir em frente e retomar minha vida aos poucos — me sinto ainda mais fortalecida.

De verdade, o que mais me afetou não foi a prisão ou as cenas e histórias tristes que acompanhei nesse dia, mas sim o motivo de eu ter ido parar nesse lugar. E você pode até achar que sabe o que aconteceu por ter lido as notícias, mas o que houve de verdade mídia nenhuma contou.

Meu casamento

Bom, é verdade que hoje eu reconheço a minha força, mas preciso dizer que nesta vida muitas vezes simplesmente não dá para ser forte sozinha. Precisamos de família, de amigos, de parceiros... O ser humano é social, nós naturalmente nos damos melhor em sociedade. Claro, não são todas as pessoas na nossa vida que vão agregar algo positivo, mas de uma coisa eu sei: é impossível ser forte e feliz sozinho. E cada pessoa que faz parte da nossa vida nos ajuda de maneiras diferentes, assim como ajudamos os outros. Somos feitos de pequenas partes daqueles que amamos e estão com a gente no dia a dia.

O dia em que eu conheci meu ex-marido foi uma mistura de acaso do destino com sem-vergonhice da minha parte. Acontece que eu fui de penetra na festa de aniversário dele, sem nem o conhecer, porque uma amiga minha estava arranjando de eu conhecer um amigo em comum deles, para ver se rolava alguma coisa. No final das contas, não aguentei nem dez minutos de conversa com o cara que eu tinha ido conhecer, mas minhas anteninhas captaram o "Mamiel", que era o apelido dele entre os amigos, e eu logo fui perguntar dele. E o resto é história... uma bem bonita que vivemos juntos por muitos anos! Sou e serei eternamente grata a ele por tudo que passamos juntos.

Mas, como você já deve ter percebido, nada na minha vida acontece na paz e na calmaria, e o que era para ser o nosso dia, o início oficial da nossa união, passada no papel e tudo, foi um conjunto de desventuras e problemas!

Desde o início do relacionamento nós dois éramos, por falta de uma palavra mais bonita, fodidos de grana! Não tem como fazer muito rodeio, a realidade era essa, e foi assim por muito, muito tempo. Depois de anos de namoro, nós noivamos e começamos a planejar o casamento com dois anos de antecedência. Foi tudo muito suado, juntando pouco a pouco, fazendo financiamento, pagando de pouquinho em pouquinho... E conseguimos! Pagamos tudo e estávamos prestes a celebrar a nossa união. Só que esse período, que era para ser de festa e alegria, tornou-se um dos mais estressantes da minha vida.

Cerca de dez ou quinze dias antes do casamento, eu sofri uma tentativa de sequestro e, naquele momento, me desesperei e acabei reagindo. O bandido, por sua vez, atirou em mim. Por sorte, a janela do carro estava entre nós dois e a bala não me atingiu diretamente, mas foram muitos estilhaços de vidro que me cortaram e alguns resquícios de pólvora que me queimaram. Só isso já era uma dor, um desespero e um susto muito grande, mas, para piorar — como eu contei no início do livro —, aconteceu, ainda, a sucessão de complicações da minha cirurgia de Aqualift.

Então, no dia da cerimônia e da festa, eu estava repleta de emoções muito conflitantes. Por um lado, quando olho para trás, lembro de ver todo mundo muito feliz. Lembro dos meus pais dançando juntos, das pessoas sorrindo, bebendo, comendo, aproveitando... Todo mundo estava muito contente, todos estavam se divertindo. Até hoje meus amigos comentam sobre como foi uma festa realmente bonita e divertida.

Por outro lado, eu estava arrasada! Não só pelo fato de estar toda machucada, tanto pela tentativa de sequestro quanto pela cirurgia emergencial no meu bumbum. Eu estava só o pó da rabiola, física e mentalmente. Meu corpo inteiro estava dolorido. Eu via todo mundo aproveitando a festa e queria aproveitar também, mas eu simplesmente não conseguia. Eu não podia beber, não podia dançar, pular, gritar... Dois anos planejando, preparando, pagando por esse evento, e eu não pude curtir um segundo dele. Sem contar os anos antes disso, sonhando com o meu casamento, que é algo que muitas mulheres fazem. Foi muito frustrante!

Além de tudo isso, a dor e a frustração não acabaram quando a festa terminou, longe disso. As sequelas, os machucados, as cicatrizes e, mais do que tudo, a dor ainda estavam lá — presentes por alguns meses. Então, não só não pude aproveitar minha festa de casamento como, assim que saí de lá, fui direto para o hospital, ainda vestida de noiva, para continuar a internação. Por isso nós não tivemos lua de mel, noite de núpcias, nada disso...

As enfermeiras do hospital foram umas queridas. Lembro de voltar para o quarto e elas, com a maior paciência do mundo, me ajudarem a tirar o vestido e desmontar o meu penteado. Elas se compadeceram com a minha situação e me contaram que iam deixar o meu marido dormir comigo naquela noite. Claro, não é algo que normalmente pode ser feito, mas elas tinham juntado duas camas de hospital e iam deixá-lo dormir comigo ali. Eu, dopada de remédios, morrendo de dor, mas pelo menos nós estávamos juntos na nossa primeira noite casados.

Dentre as muitas maneiras com que meu ex-marido me ajudou — e foi praticamente um anjo na minha vida —, uma delas veio através da noite do nosso casamento. Sendo esposa dele, eu passei a ter o privilégio de ter o plano de saúde da empresa em que ele trabalhava. E eu digo até hoje que foi o que salvou a minha vida. Foi o que me permitiu ter um atendimento médico da melhor qualidade possível. Consegui ir para outro hospital com mais recursos e profissionais de altíssima qualidade que realmente me curaram. Ele tinha acabado de conseguir esse emprego, e isso tudo foi fundamental para a minha recuperação.

Mais do que o plano de saúde, mais do que quaisquer benefícios desse tipo, no entanto, a maior bênção que eu tive desse casamento foi ter um companheiro como ele ao meu lado. As consequências do Aqualift, das físicas até as psicológicas, me deixaram sem poder trabalhar — sem realmente fazer nada — por um ano. Esse novo emprego dele tinha uma série de benefícios, além de um salário melhor, o que ajudou muito e foi o principal motivo de o meu ex-marido conseguir segurar as pontas enquanto eu não conseguia trabalhar. Ele, e a força que ele sempre teve, o amor e o apoio que ele me deu foram, de fato, imprescindíveis. Ele foi realmente o meu porto seguro!

Hoje já não estamos juntos, e ele pode até não ser mais meu parceiro romântico, mas eu jamais gostaria de perder o contato com ele. Eu o vejo como um amigo eterno, e ele é o ser humano mais incrível que eu já conheci. Uma pessoa calma, com muita inteligência emocional, uma dedicação enorme e um coração gigante.

E aqui não posso deixar de destacar duas pessoas que se fizeram importantes na minha recuperação, que foram lá no hospital alimentar a minha alma com risos e me dar força para continuar lutando contra a infecção; talvez elas nem saibam o quanto foram fundamentais para que tudo ficasse mais leve perante aquela dor que eu sentia: Valéria, que até hoje segue ao meu lado, que foi e é fundamental em toda a minha história de vida, e Rodney, com quem hoje em dia não sou mais conectada, mas que facilitou o riso fácil num momento de dor.

A perda do meu pai

Minha mãe diz que eu sempre fui grudada no meu pai, desde que eu estava na barriga dela. Ela conta que ele chegava perto da barriga e ela sentia muitos movimentos e chutes. Já quando estávamos só eu e ela, nada. E sempre foi assim. Meu pai, de vez em quando, fazia uns serviços para a escola em que eu estudava, e eu era capaz de dizer que ele estava por perto só de ouvir os passos e reconhecer o barulho das chaves dele; apesar de ele não ter sido tão presente durante a minha infância, nós tínhamos uma conexão e uma relação muito bonita.

Acho que toda noiva surta um pouco antes do casamento, e comigo não foi diferente. Comecei a hesitar, ficar em dúvida se deveria seguir adiante ou não e, quando me abri para a minha mãe, dizendo que estava apreensiva, que eu achava que não queria mais casar, ela surtou! Em vez de me apoiar ou de conversar comigo, ela simplesmente surtou e insistia no casamento, quase como se fosse o dela, como se ela tivesse muito a ganhar com isso e eu estivesse botando o futuro dela em risco. Nós tivemos brigas muito sérias nessa época e quase não nos falávamos. Isso tudo fez com que eu me aproximasse mais ainda do meu pai.

Durante todo esse ano de recuperação após a cirurgia, a tentativa de sequestro e o casamento, meu pai foi um apoio constante ao meu lado. Embora eu reconheça que minha mãe e eu tenhamos tido alguma dificuldade em nos reaproximar, especialmente durante esse período turbulento, entendo que cada uma de nós estava lidando com as próprias lutas internas. Apesar das nossas diferenças, tenho certeza de que ela também tentou se fazer presente da melhor maneira que pôde, e isso significa muito para mim. Meu pai permanecia presente: me visitava e ligava para saber como eu estava, compartilhando conversas que me confortavam. Com o tempo ele se tornou meu confidente e eu, a dele. Essa jornada nos aproximou de uma maneira que eu nunca poderia ter previsto, e sou grata pelo amor e pelo apoio dos meus pais durante esse período desafiador. Esse tipo de construção não acontece do dia para a noite, mas, logo que meu pai se sentiu à vontade para se abrir comigo, jogou uma verdadeira bomba no meu colo: ele tinha uma amante! Não era um caso qualquer, mas uma relação que ele mantinha há um tempo. Quando meu pai me contou isso, muita coisa começou a fazer sentido para mim. As inúmeras vezes em que viajávamos para a praia, mas ele só ia nos levar e depois voltava para ficar em casa, ou as diversas apresentações da escola a que ele não ia, os almoços de domingo em que ele não estava...

Nossa relação já tinha chegado a um ponto em que ele sentia, acredito eu, que eu não iria julgá-lo por aquilo. Eu não fiquei feliz, claro, mas era meu pai, o que eu ia fazer? Então não gritei, não surtei e procurei só orientá-lo de alguma maneira. Eu o fiz lembrar que ainda era meu pai, que aquilo não era legal comigo e, principalmente com a minha mãe, não era uma atitude certa. Eu disse que ele deveria se separar, que era o correto a fazer.

Não sei se covardia é a palavra certa para usar, mas é assim que eu vejo. Eu acredito que meu pai simplesmente não tinha coragem de abandonar a minha mãe, a nossa casa, a vida que eles tinham construído juntos, mas também não tinha coragem de assumir que tinha outra, de lidar com as consequências de tudo aquilo. Então ele ficava ali, vivendo aquela vida dupla. Eu falava para ele: "Pai, você tem que escolher um caminho, não dá mais pra ficar nessa", e ele só dava desculpas. Ora porque minha mãe estava doente, ora porque ela estava bem, ou "Ah, mas quem vai cuidar do cachorro?", e qualquer outro papo que ele inventava na hora. Para mim ficava claro que ele gostava, sim, da minha mãe, não existe essa coisa de desculpas, você concorda?

Só que foi aconselhando o meu pai que eu comecei a olhar para o meu próprio casamento. Muitas pessoas falam que, numa relação romântica, é preciso construir uma base na amizade e no companheirismo primeiro, porque a paixão um dia acaba, mas fica o amor. E a verdade é que eu concordo que o seu parceiro precisa ser seu amigo, sim, mas foi ali que eu percebi que não queria um parceiro que fosse só meu amigo, eu precisava do amor, da paixão, do romance também, sabe? Nós éramos novos demais para viver uma vida em que toda essa química tinha acabado. Eu não queria fazer isso, sentenciar alguém a uma vida sem paixão, nem para mim, nem para ele. Então, após oito anos de casamento, comecei a considerar seriamente a possibilidade de um divórcio. Eu via a falta de paixão no meu casamento, via a situação do meu pai e simplesmente não queria aquilo para nenhum de nós.

Eu e meu pai vínhamos conversando há meses sobre tudo isso, sobre o meu casamento, sobre ele e a minha mãe, sobre a amante dele... Parte do problema do meu pai é que ele não conseguia dizer "não" para os outros, não conseguia viver para si mesmo, fazer o que queria de verdade. E, nos meses em que estávamos conversando, vez ou outra ele me mandava mensagens dizendo: "Filha, vai viver sua vida, não faz que nem eu", me incentivando a buscar a minha felicidade, em vez de me colocar numa situação complicada como a dele.

Um dia eu decidi conversar com ele e falar, finalmente, que ia pedir o divórcio: "Pai, é isso, eu decidi", e contei tudo para ele. Durante essa conversa, contei o que eu ia fazer e que eu precisava que ele ficasse do meu lado, porque a minha mãe não iria, de jeito nenhum. Ele me assegurou: "O pai tá aqui, filha, vou ficar do seu lado". Só que, para a minha surpresa, um mês depois dessa conversa toda meu pai cometeu suicídio.

Ele faleceu em maio de 2021, mas, hoje, olhando para trás, eu vejo que ele começou a ir embora antes disso, em dezembro de 2020. A amante e ele tinham um daqueles amores que parecem coisa de adolescente. E quando a amante terminou com ele, no fim de 2020, como um adolescente, ele se desesperou completamente. Começou a afundar, se sentia perdido, sem chão… No fundo, eu acho que ele gostava de viver aquela vida dupla. Confesso que, depois de ter se aberto comigo sobre o caso, ele começou a fazer da minha vida um inferno por causa da amante e da relação tóxica que viviam.

O meu pai, em 66 anos de vida, nunca foi diagnosticado propriamente com nenhum transtorno de humor, mas até hoje eu desconfio que talvez ele fosse bipolar e essa fase foi uma grande ilustração disso para mim. Ele me ligava, me mandava mensagens, ficava atrás de mim o dia inteiro pedindo para que eu falasse com essa amante, para ela voltar para ele. Eu respondia: "Pai, não tá certo isso que você tá me pedindo, eu tenho a minha mãe, não posso fazer isso" — claro, porque realmente não tinha cabimento. E então ele perdia a paciência comigo e me desrespeitava. Sempre que isso acontecia, ele oscilava entre chorar e me xingar.

Ele me pedia ajuda, mas também falava palavras horríveis para mim. Ele ligava falando: "Você não vai me ajudar? Você é uma filha da puta. Eu vou me matar!", e era muito difícil para mim. Eu conversava, eu aconselhava, mas ele não queria ajuda. Tentei tudo o que pude, mas ele entrou em uma depressão e confesso que, na época, não entendi a gravidade do que estava acontecendo com ele. Eu achava que, como os amores de adolescente que eu havia tido, aquilo tudo ia passar, era só dar tempo ao tempo. Mas não foi isso que aconteceu.

Lembro que eu estava no consultório atendendo uma paciente — que também era uma amiga — que vinha regularmente realizar procedimentos comigo, quando recebi uma mensagem do meu pai. A mensagem era assim: "Filha, o pai te ama, mas eu vou me matar. Aqui na frente tem uma caixa azul com dinheiro para você me enterrar. Te amo". E eu lembro de falar para ela: "Olha isso, de novo meu pai falando que quer se matar". Eu realmente achei que essa era mais uma das vezes em que ele estava falando só por falar. Não vou negar que sinto culpa por isso até hoje. Quando peguei o telefone depois de terminar aquele atendimento, era tarde demais.

Eu tentei responder à mensagem, mas o celular dele estava desligado. Até então, no entanto, eu ainda estava calma, porque achei que ele só queria chamar atenção. Saí do consultório, fui para um bar com alguns colegas, bebi, comi, dei risada, mas fui percebendo que ele não respondia mais nenhuma das mensagens. Então decidi ligar e ele não atendia, dava fora de área. Foi aí que eu me desesperei e resolvi ligar para a minha mãe. "Mãe", ela disse depois que sentiu no meu tom de voz que era sério, "o meu pai mandou uma mensagem dizendo que ia se matar."

Minha mãe também não levou a sério e disse que ele tinha tomado café da tarde e depois devia ter saído para ir a algum lugar. Deu seis horas da tarde, sete da noite, oito... nada. Minha mãe começou a ficar preocupada também. Nós ligamos para o melhor amigo dele, para a irmã dele, nada... Então minha mãe me ligou e disse: "A luz do quartinho tá acesa, ele tá lá". Tinha um quartinho da bagunça no sobrado, em que ele costumava guardar todas as coisas dele de eletricista. Achamos que ele só estava lá se escondendo para deixar todo mundo desesperado.

Só que ele não apareceu. No dia seguinte, assim que eu acordei, abri os olhos e pensei: *Ele se matou*. Eu senti. Liguei para a minha mãe e ela tentou me tranquilizar, disse que não, que estava tudo certo, mas eu não sosseguei. Liguei para a minha tia, que morava no sobrado ainda com eles, e falei: "Tia, tenho um pedido meio esquisito. Você pode subir lá no quartinho e ver se meu pai está morto? Ele falou que ia se matar e, se ele fez isso, ele estava no quartinho". Não deu cinco minutos, e minha mãe me ligou chorando.

Quando cheguei no sobrado, estava cheio de policiais. Minha mãe estava desesperada, dizendo que a culpa era dela, porque eles tinham brigado e ela tinha mandado ele embora de casa. E eu, sem pensar, com raiva e no calor do momento, a interrompi e falei o que não devia: "Mãe, não é nada disso! Ele se matou porque tinha uma amante e ela terminou com ele". Naquela hora, todos pararam e foi um choque gigante seguido de um silêncio estarrecedor, mas eu não conseguia me controlar, só pensava: *Você não vai carregar essa culpa!*

Foi ali que eu deixei de lado a Marcela que queria sofrer pela morte do pai, que queria chorar, e não deixei a minha mãe se culpar por tudo aquilo, por algo que ela não tinha responsabilidade nenhuma! Depois, liguei para uma amiga que trabalhava na delegacia para perguntar o que eu precisava fazer ou para onde teria que ir por causa dessa situação. Eu sabia que iria doer, que eu precisaria chorar, mas naquele momento eu só queria resolver o que tinha que ser resolvido.

Nessa época, quando meu pai se suicidou, eu já tinha entrado com o pedido de divórcio. Meu ex-marido já sabia que eu queria me separar, mas novamente eu estava ali, trazendo um problemão para a vida dele, e ele, como sempre um anjo, me aguentando e me apoiando.

Viver o luto do meu pai foi um misto de sentimentos enormes. Acho que eu vivi esse luto em fases e talvez eu vá viver esse luto para sempre... Não acho que o luto é uma coisa que vai embora, nós só aprendemos a lidar melhor com ele.

No início, eu só sabia sentir raiva. Raiva dele, raiva da situação, raiva da outra e do mundo. Eu não entendia. Como ele tinha se matado por causa da amante? Ele me deixou sozinha! Ele prometeu que ia ficar do meu lado e me abandonou! Como ele tinha sido tão fraco, tão egoísta, para se matar por uma mulher? Como ele tinha feito isso comigo? Por quê? Essa raiva permaneceu em mim durante o velório, durante o enterro... Depois, quando criei coragem para ir até o quartinho de bagunça dele e vi a tal caixinha com o dinheiro, reparei que era vermelha e não azul, como ele tinha dito. Até disso eu fiquei com raiva também.

Só que depois veio a culpa. Por que eu não prestei atenção nos detalhes? Por que eu não acreditei nele quando falou que ia se matar? Por que eu não fiz mais? A culpa me acompanhava em todos os momentos. Eu ficava revirando as minhas memórias, tentando achar alguma coisa que eu não tivesse notado, qualquer abertura que eu poderia ter dado, qualquer brecha para eu ter feito mais. E eu achei milhares..., mas depois entendi que, na verdade, não tinha nada que eu pudesse fazer, porque nada daquilo tinha a ver comigo.

Depois da culpa, finalmente veio a tristeza do luto. Só depois de mais de um ano do falecimento dele foi que eu consegui olhar para trás e pensar no meu pai com carinho, com um sorriso no rosto, apesar das lágrimas de tristeza e de saudade. Depois que a saudade veio, sonho com ele praticamente todos os dias.

Aqui não posso deixar de citar uma pessoa que faz parte da minha vida há muito tempo e tem um pedaço do meu coração, o Lucas, meu amigo desde 2008, a quem carinhosamente chamo de Gauchinho, que, mesmo com sua condição de saúde frágil por um câncer, se deslocou de Porto Alegre e veio me ver de surpresa para dar apoio e aquele abraço que jamais vou esquecer. Um dia que ficou marcado em meio a tanta tristeza.

A relação com a minha mãe

Além de ter perdido o meu pai, o dia do suicídio foi também o momento em que, na cabeça da minha mãe, eu assinei minha sentença de culpa. Foi ali que ela começou a me atormentar por eu saber da amante e não ter contado para ela. Nós sempre tivemos uma relação complicada, mas aquilo foi a gota d'água que faltava para ver esse copo transbordar. Eu havia criado uma certa mágoa, principalmente por conta da nossa briga e das coisas que ela tinha me falado antes do casamento, mas, quando contei sobre a amante, tentando aliviar uma culpa que não era dela, ela se fechou completamente para mim.

Minha mãe virou uma pessoa rancorosa por ter sido traída, e eu não posso culpá-la por isso, consigo compreender esse sentimento. Mas, em relação a mim, parecia que também só restava amargura. Ela sempre me questionava, perguntando por que eu não tinha contado para ela, e eu sempre expliquei que o segredo não era meu, eu não tinha o direito de contar. Tentei argumentar várias vezes para que ela compreendesse a saia justa em que meu pai havia me deixado, mas ela nunca entendeu.

Quando eu saí da casa em que morava com meu ex-marido, decidi pegar um apartamento perto dela, para ficarmos mais próximas nesse momento difícil. Mas foi justo quando tudo se acumulou, quando a vida virou uma bola de neve, que ela juntou todos os motivos que tinha pra ficar brava comigo e despejou tudo em cima de mim. Era porque eu não tinha contado, era porque eu sabia e escondi, era porque eu estava me divorciando e ela não aceitava nada disso.

Sofri muito com a morte do meu pai, não tenho nem palavras para descrever a dor que eu senti durante esse tempo todo e quanto ainda sinto essa dor até hoje. A dor e a falta que eu sinto dele nunca foram embora. Mas, depois disso e do divórcio, eu quis tocar a minha vida, quis continuar a minha carreira, continuar vivendo, e de alguma maneira minha mãe não aceitava isso. Era como se o meu movimento fosse um insulto para ela. Sinto que o que ela queria era que eu ficasse tão mal quanto ela estava; minha mãe não aceitava que eu melhorasse daquela onda de tristeza.

A herança do meu pai também foi um grande problema na nossa relação. Ele tinha um dinheirinho guardado no banco, não era muito, mas a minha mãe virou completamente do avesso por conta dessa herança; completamente cega, amargurada e rancorosa. Era difícil conversar com ela sobre qualquer coisa. Foi uma época muito dolorosa, porque ela não só falava coisas muito ruins para mim, mas até o jeito que ela me olhava me deixava triste.

Após mais de um ano do falecimento dele e de toda a questão da herança, nós duas, de certa forma, fizemos as pazes. Voltamos a nos falar, passamos algum tempo juntas e a relação melhorou um pouco — ela está melhor, também, de humor —, mas já não é a mesma coisa de antes, e acredito que nunca vai voltar a ser. Mesmo assim, convivemos bem. Ela me liga todos os dias para saber como eu estou, reclama que eu não vou visitar, e assim seguimos.

Depois de tudo o que aconteceu com o meu pai, de todas as dificuldades e toda a tristeza, pensei muito no que eu queria fazer com a minha vida, em como eu queria seguir dali para a frente. E decidi, por ele e por mim, que vou fazer o que tiver vontade. Não vou viver pelos outros, eu vou viver por mim!

RECOMEÇAR SOZINHA

A vida é feita de altos e baixos. Às vezes, estamos numa fase tão difícil que ouvir essa frase parece uma brincadeira de mau gosto. "Como assim, altos e baixos? Parece que só existe baixo na minha vida." Eu já pensei assim e tenho certeza que você também. E é difícil mesmo enxergar uma luz no fim do túnel quando tudo à nossa volta parece uma escuridão imensa e sem fim.

Eu estava sozinha, divorciada, tinha acabado de perder o meu pai e passava por uma fase bastante complicada e dolorida do meu relacionamento com a minha mãe. Estava tentando me resgatar de tudo o que havia me acontecido em tão pouco tempo. Foi uma época realmente angustiante para mim.

Eu já mencionei que, nesta vida, não se faz nada sozinho. Como seres humanos, precisamos de outras pessoas à nossa volta, de comunidade, de apoio. Mas não é só na ajuda externa que a gente encontra forças. Às vezes precisamos entrar em uma fase de introspecção e até de uma certa solitude para podermos nos encontrar de verdade. Às vezes passamos tanto tempo focando em aspectos externos que esquecemos da essência que está dentro de nós.

Quando eu me vi sozinha, confesso, cheguei a me desesperar um pouco. Nunca havia estado nem me sentido tão só, e não sabia se teria forças para recomeçar, para tocar a minha vida. Até então, eu sempre tinha alguém do meu lado. Meus avós, meus pais, um namorado, um companheiro... Mas e a Marcela? Quem era a Marcela desacompanhada, afinal? Do que a Marcela precisava? Eu não me conhecia tão bem quanto pensava, muito menos tão bem quanto precisava me conhecer.

Diante do cenário em que me encontrava, não havia alternativa: eu precisava me reconstruir sozinha. Então intensifiquei a terapia — o que me ajudou muito —, tanto para aprender a segurar a barra emocional que era lidar com tanta perda e solidão quanto para aprender sobre mim mesma. Tenho amigos maravilhosos que me ajudaram muito também, quando a solidão batia forte. Mas o mais importante, de fato, foi conhecer a mim mesma, para que eu pudesse seguir em frente.

Reconstruindo minha autoestima

Por mais que eu sempre escutasse de amigos e familiares que eu era forte, foi nessa época que eu aprendi que a minha força, pelo menos até então, era como uma armadura. Quando a dificuldade se apresentava, eu me transformava em um escudo na frente dos outros e desabava quando estava sozinha. Foi nesse período que eu fui capaz de transformar essa armadura em introspecção e passei a trazer a força de dentro de mim, em vez de separar o interno do externo.

Foi quando percebi que toda a autoestima que eu acreditava ter aos montes, na verdade, era uma fachada, uma mentira que eu contava para mim mesma para esconder minhas próprias inseguranças e medos.

Infelizmente ainda vivemos em uma sociedade extremamente machista. No entanto, acredito que, no Brasil, a questão da estética e dos padrões de beleza é ainda mais forte do que em muitos outros países. As mulheres são ensinadas, desde crianças, que o valor delas está associado à beleza externa, à aparência física, de maneira que é quase impossível se desassociar disso.

Então, nós, mulheres, acabamos por depender quase que exclusivamente de nos sentirmos bem fisicamente para garantir que a nossa saúde mental esteja boa também. Dificilmente você verá uma mulher dizer que "não liga para sua aparência". Pode ser que, em determinado momento, ela se importe menos do que em outras épocas ou situações, mas isso já está programado demais em nossa mente para que sejamos capazes de nos desfazer dessa noção completamente.

Para estarmos em paz com nós mesmas, é imprescindível estar em paz com o espelho. A busca dessa paz, no entanto, é um caminho sinuoso, em que qualquer curva errada pode levar a destinos terríveis, às vezes até fatais. Foi nessa busca estética que eu acabei na terrível situação que passei com o implante de hidrogel. É muito fácil cair em um buraco nessa estrada.

Estando sozinha, depois de tudo o que aconteceu, foi que eu comecei a perceber que tudo nesta vida precisa de um equilíbrio, tudo precisa ser abordado com cautela. Nós passamos por acontecimentos difíceis e começamos a pensar em coisas tristes, pesadas, mas foi ali, nesse buraco emocional, que eu aprendi que é preciso ter leveza em tudo. Precisar me sentir bem no sentido estético não poderia, jamais, ultrapassar a minha saúde física e mental, como havia acontecido no caso do Aqualift.

Ali percebi que a vida é muito frágil. É fácil viver cada dia de maneira inconsequente, sem considerar o amanhã ou aqueles ao nosso redor. O verdadeiro desafio é prestar atenção nos detalhes, é ter paciência e cuidado com nós mesmos, sem perder a mão. Nós somos simultaneamente mais frágeis e mais resilientes do que pensamos, só precisamos nos conhecer melhor para descobrir nossos limites e nossos pontos fortes.

É engraçado pensar que eu precisei passar por uma situação tão perigosa, por uma tentativa de mudança tão radical, para entender que mudanças mais simples, menos permanentes e mais leves talvez me fizessem sentir melhor do que qualquer intervenção drástica.

Motivação para seguir na medicina estética

Foi logo depois da morte do meu pai que eu fiz luzes no cabelo pela primeira vez. Eu pensei: *O que eu posso fazer para me sentir melhor, mas sem exagerar? Sem me colocar em perigo como da última vez?* Pronto, mudei o cabelo — parece besteira, mas às vezes esse tipo de mudança pode trazer uma segurança enorme para uma mulher.

Até por conta do que passei, hoje em dia eu falo muito "não" para as minhas pacientes. Eu não quero jamais criar vítimas da indústria da beleza, não quero reforçar inseguranças ou, pior, criar novas paranoias. Jamais. Esse é o oposto do meu desejo. Minha intenção, como comecei a entender nessa época, é acompanhar mulheres e mostrar a elas que o mais importante de tudo é fazer o autocuidado sem exagero. É realçar a própria beleza e não se destruir, física e psicologicamente. Quero mostrar a elas que podemos melhorar o que somos em vez de tentar nos transformar em uma pessoa completamente diferente.

Exatamente por eu mesma já ter passado por isso, tenho facilidade de identificar se a paciente sentada ali na minha frente está enfrentando os problemas de autoestima que podem levar a consequências perigosas, assim como as que eu vivi. Porém, é muito fácil falar "não" para uma paciente sem tentar auxiliar de outra forma. Um "não", muito provavelmente, só vai fazer com que essa paciente busque outro profissional que faça o que ela quer, mesmo se isso tiver uma probabilidade enorme de trazer resultados negativos para ela.

Minha missão no meu consultório é dizer "não" para essas mulheres, e já trazer o cuidado que elas precisam para entender que o meu "não" tem motivo, tem base e tem, acima de tudo, um entendimento emocional da situação em que elas se encontram. Eu não recuso um procedimento por capricho ou por preguiça. Quando eu digo "não", em teoria, estou perdendo dinheiro, mas estou em busca de ganhar a satisfação de ajudar outra mulher a não passar pelo que passei, e mais, a entender que existem outras maneiras de encontrar o que ela está procurando, sem se colocar em perigo.

No fim das contas, as pacientes que vêm até o meu consultório em busca de procedimentos, dos mais simples aos mais complexos, estão buscando se sentir bem consigo mesmas, se sentir felizes quando olham no espelho. A recusa da minha parte não vem sozinha, vem com um trabalho emocional, para que essa paciente entenda que eu estou disposta a trabalhar com ela para encontrar o procedimento certo para ajudá-la sem prejudicá-la, pois a saúde e o bem-estar dela são prioridades para mim. A diferença é que muitas vezes a paciente não tem as informações e as experiências que eu, como profissional, posso usar para orientá-la.

Nossa sociedade incentiva a rivalidade feminina e a insatisfação da mulher com o próprio corpo. Quantas vezes por semana você está navegando na internet e descobre alguma tendência nova que faz você se sentir insegura? Por exemplo, com as calças de cintura baixa voltando à moda, talvez você possa sentir que "não pode" usá-las porque tem pneuzinhos; batons que você sente que não pode escolher porque seus lábios são muito finos, alongamento de cílios porque os seus são muito retos... Nós somos bombardeadas, todos os dias, com novos motivos para nos sentirmos inseguras, mesmo em partes do nosso corpo que nós gostamos ou que, às vezes, nem considerávamos que precisavam se encaixar em algum padrão de beleza.

Minha ideia aqui não é dizer que precisamos nos desprender totalmente de qualquer mudança — até porque a estética é justamente o meu trabalho, minha carreira, minha paixão na vida. Mas a minha missão, como mulher e como profissional da área de estética, é mostrar para as mulheres que todas elas são lindas à sua maneira e que quaisquer alterações precisam ser feitas com cautela e responsabilidade. E o principal: mostrar a elas que é possível olhar no espelho e ver as partes de si que elas mais amam, antes de começar a apontar defeitos.

Muitas mulheres procuram profissionais buscando alterações mínimas, como um preenchimento labial sutil apenas para realçar os lábios, e o próprio profissional, antes mesmo de escutar a paciente, toma as rédeas da situação e aponta defeitos nela. "Precisa puxar ali, contornar aqui, melhorar essa papada, ajeitar essa boca..." Isso é algo que eu jamais faria.

Quando minhas pacientes vêm até mim, a primeira coisa que eu gosto de fazer é sentar com elas em frente a um espelho. Às vezes essa mulher reclama do nariz, sem nem se tocar que ela tem lábios maravilhosos e um sorriso perfeito. Outras vezes ouço uma reclamação sobre os lábios, vinda de uma paciente com olhos incríveis. Então eu aponto essas características para elas.

No meu consultório, ninguém jamais me verá colocando outras mulheres para baixo, apontando defeitos nelas; esse, acredito, é o maior diferencial do meu atendimento. Eu não quero que uma paciente saia do meu consultório se sentindo pior do que quando entrou. Eu não quero que alguém que foi buscar a minha ajuda para uma questão saia do atendimento sentindo que eu joguei no colo dela dez novos problemas que ela precisa "consertar". Jamais. Minha intenção é que minhas pacientes saiam animadas para o atendimento, porém sem mexer negativamente na autoestima, apenas elevar aquilo que elas nem sequer enxergam que têm de belo, mas que, para mim, está bem claro. Uma paciente feliz realizando um procedimento é mais importante do que uma paciente insegura realizando cinco ou seis mudanças.

Certa vez, recebi uma paciente que havia perdido o marido recentemente. Ambos eram muito novos, e, após o falecimento do companheiro, ela, infelizmente, viu-se vítima dessa paranoia de querer mudar a aparência completamente, de não se sentir nem um pouco satisfeita com o que via no espelho. Quando eu olhava para ela, via uma moça triste — claro, quem não estaria? —, mas que era linda de doer. Ela chegou a ir a outros profissionais que apontaram diversos "defeitos" que ela deveria corrigir, e ela trouxe todos eles para mim numa listinha. De duas coisas que a incomodavam, antes que ela começasse essa série de consultas, esses outros profissionais lhe deram de presente outras novas inseguranças que ela nem sequer tinha cogitado.

Primeiro, o nariz. Um deles havia dito que a ponta dele era caída — não, esse nariz era lindo e não precisava de absolutamente nada. Outro disse que precisava reconstruir o contorno dela para que tivesse um perfil mais bonito — jamais, ela tinha um perfil lindo! Enquanto ela listava procedimento atrás de procedimento, eu ouvia aquilo embasbacada, porque eu não via nada do que ela falava.

Perguntei sobre as olheiras dela, que tinham sido uma das queixas iniciais antes da "nova lista". Questionei sobre como essas olheiras eram antes do falecimento do marido. Ela me falou que não tinha esse problema antes. Claro, o que ela estava passando não era um problema estético, era completamente emocional. Ela não dormia, chorava sem parar! Óbvio que teria olheiras! Ela tinha acabado de perder o companheiro, era um efeito normal no corpo quando se passa por algo tão difícil. Nenhum desses profissionais tinha parado para escutar a história dessa mulher e tentar entender de onde vinham essas questões. Não, eles apenas entregaram de bandeja mais uma série de paranoias sem pé nem cabeça.

Nesse momento, perguntei se ela sentia muita falta do marido. Ela desabou em lágrimas no meu consultório e me contou como estava difícil viver sem o companheiro, lembrar dele, passar pelo luto. Expliquei que essas olheiras não eram dela, elas vinham do luto, da tristeza da fase difícil pela qual ela estava passando. Depois de conversar bastante e explicar tudo isso, nós concordamos em esperar um pouco para rever essa queixa num futuro próximo, porque realmente não era hora de mexer nisso.

A outra reclamação inicial dela, antes de a "lista" surgir, era o bigode chinês. Para isso, ela queria fazer um preenchimento de qualquer jeito, porque era uma insegurança muito grande dela. Conversamos sobre essa questão e eu concordei que, se a incomodava tanto, nós poderíamos mexer ali, sim, mas não precisávamos partir direto para o preenchimento. Sugeri o bioestimulador de colágeno, para diminuir a flacidez e trazer o viço de volta para a pele dela. Além de ser saudável para a pele, ele trataria a face de maneira global, devolvendo a jovialidade como um todo.

No fim da consulta, ela virou para mim e falou: "Sabe de uma coisa? Eu acho que não precisava de nada disso. Nada está me incomodando tanto assim... Eu sou bonita mesmo. Acho que o que eu precisava mesmo era de alguém que me ouvisse". Isso me deixou simultaneamente arrasada e muito feliz. Arrasada porque eu vi ali uma mulher que estava sofrendo e de quem diversos profissionais tiraram vantagem da dor para tentar fazer dinheiro. Feliz, no entanto, porque consegui trazer algum alívio de que ela claramente precisava.

Ao fim de tudo isso, ela acabou fazendo o procedimento comigo algumas semanas depois, já que naquele dia estava bastante inchada depois de chorar e simplesmente não estava com a cabeça no lugar certo para qualquer procedimento. No dia da consulta seguinte, como ela já se sentia um pouco melhor emocionalmente, realizamos tudo com bastante calma, ambas mais leves, e o processo correu de forma excelente. Nas olheiras, nós nunca mexemos, e ela é minha paciente até hoje.

São consultas como essa que me lembram constantemente por que eu faço o que faço. Devolver a essas mulheres o sorriso e a autoestima, para mim, é gratificante de uma maneira que sou incapaz de colocar em palavras. É o que enche o meu coração, que conforta a minha alma. É o que me fez ser capaz de enterrar o meu pai em um sábado e mesmo assim acordar na segunda-feira para ir trabalhar.

Já tive muitos casos de pacientes que vêm até mim e eu percebo que o procedimento que realizamos juntas é um momento de virada na vida delas. É algo que elas sentem que realmente vai ajudar ou até mudar sua vida para melhor de uma maneira extremamente significativa. A autoestima de uma mulher é algo muito poderoso. Uma mulher que se sente bem consigo mesma consegue mover montanhas!

Não vou negar que devolver a autoestima para essas mulheres, dia após dia, não é só gratificante no sentido profissional, mas no sentido pessoal também. Vejo muitas mulheres buscando a minha ajuda, mulheres que são lindíssimas, mas que não se sentem lindas, não veem em si mesmas o que eu claramente vejo nelas.

É ali que eu vejo que, quando me sinto mal com a minha própria aparência, não estou sozinha. Se eu olho para essas mulheres e vejo a beleza tão óbvia, isso me ajuda a voltar para a realidade quando eu me sinto mal. Nós distorcemos a visão no espelho, e trazer essas mulheres para a realidade, lembrando-as que são lindas, serve como força para que eu lembre da minha beleza também quando preciso de um chacoalhão.

Se uma paciente vem até mim em busca de ajuda, de orientação, eu, como profissional e como mulher, jamais vou enumerar problemas ou defeitos que ela deve melhorar. Eu nem sequer pergunto "O que você mudaria?", eu pergunto o que as incomoda e escuto o que têm a dizer. Já tive casos de pacientes pedindo que eu apontasse o que elas deveriam fazer, mas não faço isso sem antes escutar o que elas veem no espelho, sem entender como elas se enxergam.

Se o meu trabalho é fazer uma paciente se sentir melhor consigo mesma em relação a alguma questão física com a qual ela não está satisfeita, e eu crio outras paranoias e problemas na cabeça dela, não fiz o meu dever. Eu, como profissional da estética, não estou ali para fazê-la se sentir pior, ou se sentir feia, mas sim para elevar a autoestima dela. Mesmo de um ponto de vista de negócios, uma cliente contente é uma cliente que retorna. Eu mesma não voltaria a dar dinheiro para uma pessoa que fez com que eu me sentisse péssima.

Minha intenção com os meus atendimentos é criar uma relação de confiança com a paciente, baseada, sim, em honestidade e profissionalismo, mas também em compaixão, empatia e confiança. Não estou ali querendo ganhar dinheiro fazendo uma pessoa se sentir triste ou mal consigo mesma. Eu quero elevar a autoestima dela. Vejo muito mais valor em um profissional que cresce através de métodos e relacionamentos positivos do que em alguém que vê seus pacientes como presa e a si mesmo como predador.

Consolidando minha carreira

Acredito muito que o meu sucesso profissional vem, em grande parte, desse cuidado, devido a esse diferencial. É fácil, para muitos profissionais com más intenções, usar e abusar das inseguranças de pacientes para construir carreiras "de sucesso", mas o que é sucesso? Dinheiro? Fama? Prestígio? Eu atribuo o meu sucesso a duas coisas: em primeiro lugar, à autenticidade do meu trabalho, à minha genuína vontade de ajudar, ao meu verdadeiro desejo de contribuir positivamente não só para mudanças físicas em uma pessoa, mas para mudanças emocionais que vão fazê-la feliz de verdade, sem piorar paranoias ou inseguranças.

O segundo grande motivo é a minha paixão, a minha dedicação incansável a sempre melhorar, sempre evoluir e continuar a desenvolver minhas habilidades e conhecimentos, para saber e fazer cada vez mais e melhor.

Durante toda a minha vida, eu sempre gostei muito de estudar. Não apenas no sentido literal da palavra, aquela coisa de sentar com cadernos e apostilas, fazer resumos e anotações. Eu sempre fui apaixonada, na verdade, por aprender. Para mim, é gostoso demais adquirir conhecimento, descobrir coisas novas e hoje, no mercado de trabalho, poder aplicar esses conhecimentos ao que eu já venho realizando há anos.

Na área de estética, as coisas evoluem muito rápido. Você pisca e já existem novos equipamentos, materiais, técnicas e mil e uma informações novas, prontas para serem devoradas pelos profissionais que buscam melhorar e evoluir. Isso não só é uma grande oportunidade para pacientes procurando serviços, mas é um prato cheio para profissionais dedicados e apaixonados pelo que fazem, como eu.

A estética não dá descanso, pois está em constante evolução. Mas não se engane, isso não é uma reclamação da minha parte, muito pelo contrário: é uma das maiores delícias da minha carreira poder constantemente adquirir novas informações e ter tantas oportunidades de evoluir como profissional. É uma área que me permite entender desde os mais populares métodos, como a toxina botulínica — o famoso botox —, até os menos conhecidos, como a *cannabis* medicinal — que, inclusive, sou especialista e pós-graduada —, que é uma substância revolucionária em diversas áreas, e poucos sabem quão efetiva ela é no ramo da beleza.

Depois da formação em Farmácia, eu poderia ter seguido para diversos caminhos, tendo inclusive, como já contei, trabalhado no Instituto do Câncer. Mas foi na saúde estética que eu me encontrei de verdade. Atualmente sou especialista em saúde estética pelo Conselho Federal de Farmácia. "Ah, Marcela, mas e a Medicina?" Sim, a Medicina também existe em minha vida, mas isso dá um novo livro.

A área de saúde estética foi uma escolha que ficou bastante consolidada para mim enquanto eu trabalhava na distribuidora, há alguns anos. Lá, eu auxiliava médicos em diversos procedimentos e foi onde essa paixão nasceu em mim. Com isso, abriu-se um leque de possibilidades para eu explorar, e fui fazendo curso atrás de curso, devorando o máximo possível de informações. Curso de empreendimento, curso de toxina, curso de preenchimento... Até eu sentir a necessidade de algo mais forte, algo mais sério.

Foi assim que eu decidi cursar o mestrado. Hoje sou mestra em Medicina Estética por uma universidade espanhola, a Esneca Business School. Acabei por conseguir vários certificados pela Espanha, que agregaram muito ao meu portfólio profissional. Nesse período, conheci a *cannabis* medicinal e me apaixonei por esse mundo, o que me motivou a buscar a especialização nessa área também — desta vez, aqui no Brasil mesmo, com titulação internacional.

Na época em que fiz todos esses cursos, percebi uma falta de oportunidades para que outros profissionais também aprendessem tudo aquilo que eu tinha levado anos cursando. A área da estética moderna, como conhecemos hoje, ainda estava muito no início, e os profissionais eram vorazes em aprender mais, entender mais, fazer mais — mas as oportunidades eram poucas. Foi aí que eu decidi abrir o meu próprio curso.

Talvez digam que eu sou um pouco ingênua por querer ensinar absolutamente tudo o que sei em meus cursos e permitir acesso ao material por anos e anos depois que o curso termina, mas eu vejo de forma diferente. A minha intenção é usar a estética para ajudar as pessoas, não criar um sentimento de competição — isso vale também para outros profissionais. Por que eu esconderia informações que tornariam outros profissionais melhores, que ajudariam outros médicos, farmacêuticos e biomédicos a ter melhores resultados com seus pacientes?

Minha ideia inicial, quando comecei a ministrar esses cursos para outras pessoas, era realmente dividir — e multiplicar — o conhecimento, a ajuda e o trabalho que podemos proporcionar para pacientes. Foram esses cursos, também, que acabaram por consolidar o meu nome no mercado de estética brasileiro. Marcela Gouveia passou a ser um nome frequentemente mencionado em eventos, cursos, palestras e quaisquer situações relacionadas com o mercado da saúde estética, porque passou a ser associado com conhecimento, profissionalismo, compartilhamento de informações. Afinal de contas, eu sou uma profissional muito séria e dedicada.

Além dos cursos, também passei a compartilhar todas essas informações na internet, através das minhas redes sociais. É claro que os cursos são mais detalhados, usam um linguajar mais apropriado para os profissionais da área que entendem as técnicas, as substâncias e todos os pormenores do trabalho; mas a ideia era informar, também, o público.

Sempre acreditei que informação é uma ferramenta poderosíssima. Quanto mais conhecimento adquirimos, mais poder temos no nosso dia a dia. Poder de tomar decisões bem informadas, de saber o que está acontecendo à nossa volta, de não ser vítima de pessoas mal-intencionadas... As redes sociais são um grande veículo para espalhar informação, e para mim era imprescindível educar futuros e possíveis pacientes, para que eles entendessem como os procedimentos funcionavam, antes de escolherem o que queriam e, principalmente, antes que pudessem eventualmente se arrepender de uma escolha feita sem saber todos os detalhes.

As pessoas brincam na internet dizendo "quando eu cheguei aqui, era tudo mato", e era exatamente assim quando comecei o meu Instagram. Pouquíssimos seguidores, poucos posts, eu mal sabia mexer na plataforma além do básico e não fazia ideia de como chamar atenção das pessoas, ou fazer com que minha página atingisse o público.

Comecei a ter um pouco mais de tração nas minhas redes sociais quando passei a incluir a minha página nos meus cursos, já que ensinava tanto presencialmente quanto on-line. Conforme fui consolidando o meu nome por meio dos cursos, surgiam ali cada vez mais seguidores, profissionais da estética, que interagiam comigo nas minhas contas, criando uma rede de troca de contatos e informação entre atuantes no mercado.

Até hoje, admito, não entendo muito bem esses algoritmos da internet, mas uma coisa eu garanto: eles funcionam. Conforme o meu número de seguidores foi aumentando — a princípio, apenas com outros profissionais da área —, acredito que o Instagram passou a sugerir o meu conteúdo para outras pessoas, vendo que a minha página estava com bons números. Então, de uma rede de profissionais, passei a receber leigos que se interessavam por estética e, futuramente, acabariam se tornando meus pacientes também.

O crescimento da minha página, no início, foi bem lento. Porém, depois que percebi que estava recebendo mensagens e comentários de pessoas que não trabalhavam com saúde estética, mas que tinham interesse na área, o crescimento foi praticamente astronômico, do dia para a noite. Lembro de olhar a minha página um dia, sem ter prestado atenção nos números havia um tempo, e me deparar, do nada, com 10 mil seguidores. E depois 20 mil, 50 mil, 80 mil...

Aí, na marra, tive que aprender a interagir nas redes sociais. No começo, eu fazia os posts do meu *feed* falando quase diretamente com pacientes e outros seguidores leigos, explicando, em uma linguagem mais informal, sobre procedimentos e possibilidades. Já no *story* eu interagia com outros profissionais, falando da rotina da clínica, dos produtos que eu utilizava. Eu interagia com os dois públicos, e é isso que eu continuo fazendo até hoje.

Tentei, por um tempo, manter duas contas separadas: uma profissional, para falar apenas do meu trabalho, fosse com outros profissionais ou com pacientes, e outra pessoal, para amigos e família. Depois de um tempo, percebi que não tem como manter essa separação, porque a Marcela é a mesma, dentro ou fora do trabalho. Aquele seguidor que se interessou pela minha página por causa da estética — eu aprendi depois — não quer saber só daquela coisa certinha, quadradinha, profissional... Ele também se interessa pela Marcela que brinca, que dá beijo no cachorro nos vídeos, que faz piadas.

Hoje eu sou amiga de muitas pacientes, que até aparecem nos meus vídeos, descontraídas, brincando comigo e me ajudando no conteúdo para os meus seguidores. Cada vez que eu posto, as reações vêm de todos os ângulos. Se você abrir a minha página hoje e olhar os comentários, encontrará colegas da área e alunos dos cursos, mas também pacientes e amigos.

Foi mostrando o meu lado humano, junto ao meu lado farmacêutica, que eu atraí um público, de fato, e consolidei também minha presença on-line.

É claro que, como tudo na internet, nem tudo são flores. Diferentemente do passado, depois do que aconteceu, já não posso mais dizer com toda a certeza, como eu podia antigamente, que todos os meus seguidores e comentários vêm pelo meu prestígio e pelo meu profissionalismo, pelo que eu sou capaz como profissional. Infelizmente, essa situação também atraiu muitos olhares negativos.

Mas a minha presença on-line não é, nunca foi nem nunca será para aqueles que ficam como urubus em volta dos outros, esperando que tropecem. Eu estou ali, tanto no meu consultório quanto nas redes sociais, para interagir com aqueles profissionais, alunos, pacientes e amigos que estão comigo. O que eu faço sempre foi e sempre será para mim mesma, para aqueles que me admiram e acreditam em mim e, é claro, para todos os pacientes que precisam de uma ajuda sincera e compassiva.

A PRISÃO

Sempre fui o tipo de pessoa que gosta de acordar bem cedinho para fazer o dia render. Não só isso, mas também odeio fazer as coisas com pressa, toda afobada. Gosto de curtir a minha manhã com calma, para continuar o resto do dia da mesma forma. Começar com o pé direito, sabe? E no dia em que tudo aconteceu não foi diferente.

Naquele dia eu acordei cedo, como sempre. Lembro de escovar os dentes, de lavar o rosto e ir para a cozinha tomar café da manhã. Foi o mesmo de sempre: meu café com leite, minha torrada sem glúten e a TV ligada no noticiário.

Era dia 31 de maio de 2023, e lá fora fazia um friozinho daqueles que, se eu estivesse de folga, seria perfeito para me espichar no sofá e assistir a um filme. Mas eu tinha que trabalhar, então não havia tempo nem para ter vontade de sentir preguiça. Percebi que não daria tempo de lavar o cabelo em casa antes de sair, e o frio só me deu menos vontade ainda de fazer isso com pressa, então mandei uma mensagem de texto para o salão de beleza que ficava perto do meu escritório marcando um horário para fazer uma escova logo mais. Prendi o cabelo e fui tomar um banho antes de sair.

Mesmo debaixo da água quente do chuveiro, eu não conseguia relaxar. Eu me sentia um pouco inquieta e não sabia bem o porquê. Minha intuição já estava tentando me alertar, e confesso que durante o banho a palavra "carimbo" apareceu em minha mente, quase como uma voz que sussurrava no meu ouvido.

Eu já devia saber que nunca devo ignorar esse tipo de sinal, mas acabei deixando para lá e esperei a água me acordar de vez. Saí do banho e fui me vestir. Tenho na memória a roupa exata que escolhi vestir naquela manhã: coloquei a meia-calça, uma saia, uma blusa de manga comprida e minhas botas preferidas. Saí para o salão, rapidinho, para lavar e secar o cabelo — era para ser uma coisa ligeira, já que eu começava o atendimento no consultório às 9h30.

Chegando ao salão, a moça da recepção me disse que o cabeleireiro iria se atrasar uns vinte minutos, e eu simplesmente não tinha como esperar. Pedi para ela me emprestar um secador e o laquê. Combinamos que eu ia passar um spray rápido no cabelo, deixá-lo preso num rabo de cavalo e, se tivesse um tempo mais tarde, voltaria para lavar e escovar direito. E tudo bem, o que eu queria mesmo era estar no mínimo apresentável para poder atender minhas pacientes.

Lembro bem que, apesar do frio que normalmente dá aquela preguiça, eu comecei o dia bem animada até. A minha agenda, do início ao fim do dia, estava lotada e praticamente só com pacientes muito queridas, que já estavam comigo há anos — exceto por uma. A primeira paciente do dia, inclusive, era minha amiga muito antes de ser paciente; praticamente parte da família. Nós conversamos bastante durante a consulta, sobre a vida, os planos para 2023 e muitas coisas boas.

Como eu moro perto do meu consultório, voltei para casa para almoçar. Eu estava me sentindo tão bem naquele dia; feliz, alegre, autoestima em dia. Cheguei até a postar alguns *stories* no Instagram, contando para os seguidores como eu estava me sentindo bem comigo mesma. Tinha aprendido a fazer uma maquiagem que realçava os meus traços favoritos, a arrumar o cabelo de um jeito novo que eu gostava... Eu estava bem, estava alegre.

Voltando do almoço, tive uma consulta com um representante de produtos e, logo depois, a "falsa paciente" com a policial civil — obviamente, até então, eu não fazia ideia do que estava por vir. Ela veio para uma consulta sobre *cannabis* medicinal e eu estava superanimada para atendê-la, já que fazia um tempo que não tinha nenhuma paciente interessada nisso. Esse tipo de consulta é uma situação mais tranquila, sem pressão para decidir nada, em que eu apenas explico os tratamentos, as diferenças das possibilidades e tudo mais.

Explicando sobre *cannabis* medicinal, eu sempre conto para as pacientes que nós temos que entrar no site da Vigilância Sanitária, mandar a documentação, fazer o pedido, tudo certinho, para que ela possa fazer uso do tipo correto, com a quantidade correta e o acompanhamento necessário.

Durante a conversa com a falsa paciente (que não é a pessoa que disseram na TV), eu estava até gostando bastante da consulta. Afinal, é um assunto que aprecio muito e com o qual sempre fico animada para trabalhar com quaisquer pacientes que estejam interessadas. Mas eu tinha uma pulga atrás da orelha. Fazia algum tempo, durante os meus momentos espirituais, eu havia sido alertada para tomar cuidado com duas pacientes que entrariam no meu consultório fingindo serem amigas, mas que, na verdade, seriam parte de uma armação. Inclusive lembro que, ao vê-las chegar ao meu consultório, essa informação até pulou na minha mente, como um aviso; porém, assim como aquele pensamento sobre o carimbo durante o meu banho mais cedo, eu também a ignorei.

Quase no fim da consulta, a policial civil comentou que a "amiga" estava com problemas de saúde, com anemia e precisava fazer uns exames. Eu cheguei a perguntar se fazia muito tempo desde a última bateria de exames, e ela respondeu que sim, perguntando logo em seguida se eu poderia fazer um pedido de exames para ela.

Foi estranho, mas eu tranquilamente concordei em assinar o pedido, afinal não vi motivo algum para não ajudar. Normalmente eu nem precisaria carimbar o papel, bastava eu assiná-lo com o pedido, mas ela insistiu muito que eu fizesse isso. Depois de uma argumentação, cedi e carimbei o documento. Mal eu tinha tirado o carimbo do papel quando a ouvi dizer: "Esse carimbo não é seu".

Fiquei confusa, não entendi direito, e foi ali que ela pôs para fora o distintivo. "Você pode nos acompanhar até a delegacia?"

Enquanto escrevo estas palavras, relembrando tudo isso, sinto como se tivesse levado um soco no estômago, mas na hora foi tudo muito tranquilo. Se qualquer um olhar nas câmeras do consultório, verá que eu saí tranquila da minha sala. Falei que precisava ir ao banheiro antes de irmos, avisei minha assistente que ia sair e já voltava. Ela chegou a perguntar que horas, e eu achei que seria por volta das seis, mas a policial falou: "Não, vai ser um pouco mais de seis". Mesmo assim, parecia um momento tranquilo.

Saindo de lá, perguntei se precisaria chamar um advogado, já que nada assim tinha acontecido comigo antes. E a policial explicou que não precisava, mas que, se precisasse depois, eu poderia chamar da delegacia mesmo. Nós fomos conversando no carro e eu, inocentemente, até comentei: "Vocês acreditam que me avisaram que isso ia acontecer?".

Chegando lá, fui colocada em um uma sala e, a princípio, ninguém falava nada com nada, ninguém me explicava direito o que estava acontecendo. Tudo que me diziam pareciam comentários aleatórios, sem sentido algum. Perguntei novamente se precisava chamar os advogados, porque os meus, até então, estavam em Sorocaba, e no horário de pico demoraria para eles chegarem lá. Enquanto isso, minha assistente, que ficou no consultório, mandou mensagem para eles e eles entraram em contato comigo — porque eu ainda estava com o meu celular. Estava tudo tranquilo e eu e estava sendo bem tratada.

Avisei aos policiais que meus advogados estavam a caminho, e eles perguntaram se eu queria esperar por eles, eu disse que sim. Foram cerca de duas horas para que eles chegassem, mas nesse meio-tempo muita coisa aconteceu. Só muito depois eu fui perceber que já estava tudo muito bem armado, antes mesmo de eu conseguir me situar. Até a imprensa já estava lá, tudo muito planejado!

Os meus advogados, até então, não eram advogados criminais. Eles estavam a caminho porque eram os advogados que eu tinha naquele momento, mas eu tive que procurar outro que fosse especializado em lidar com coisas desse tipo. O que aconteceu comigo, depois eu entendi, chama-se "flagrante preparado", que, perante a lei, é proibido. Mas há uma discussão, porque eles me convidaram a ir até a delegacia e não declararam voz de prisão ali no consultório... Então alguns dizem que não conta como flagrante — que seria já chegar quebrando tudo, ordenando uma revista e tudo mais, o que não aconteceu. De fato, eu só recebi a voz de prisão muitas e muitas horas depois.

Choque

Você tem noção do que é ser presa enquanto exerce sua profissão? Não só sua profissão, mas sua vocação, sua grande paixão na vida. Quando tento me lembrar dos momentos em que tudo estava acontecendo, parece um grande borrão. Eu me senti no piloto automático, apenas lidando com as partes burocráticas e importantes daquela situação, sem me permitir explorar a parte emocional de tudo aquilo. Hoje, toda vez que eu penso nisso, parece que sinto o baque novamente, como se ainda estivesse naquela delegacia ou na cela do fórum.

Foi um sentimento tão estranho e conflitante! Naquele dia eu tinha acordado tão alegre, tão contente comigo mesma, estava me sentindo bem. As consultas do dia haviam sido ótimas, o dia estava caminhando de uma forma tão positiva... Acredite se quiser, mas até a própria policial civil que fez parte de toda a situação chegou a me dizer depois que a consulta tinha sido excelente, e a "falsa paciente" disse que ela realmente tinha essas dores e estava cogitando passar comigo no futuro, porque eu era muito boa no que fazia! Imagine só...

Para ser sincera, o dia da prisão e o período em que estive presa, por incrível que pareça, não foram o pior momento. O que veio depois foi o que realmente me afetou, psicológica e emocionalmente. Quando eu finalmente saí de lá e tive acesso às minhas redes sociais, tive que ler coisas terríveis. Havia pessoas furiosas justamente porque eu estava calma. Muitos falavam que eu estava assim porque já sabia que isso iria acontecer — e eu sabia, sim, pelos meus guias espirituais, mas não porque tivesse culpa. O que eu não poderia imaginar era a proporção que aquilo tomaria.

Quando eu vi a imprensa lá fora, toda em volta da delegacia, estranhei muito e perguntei aos policiais se aquilo tudo era por causa do meu caso e eles disseram que não, que eles estavam ali por causa de uma traficante que escondia armas na feira. Mas quando caiu a ficha, naquele momento vendo os jornalistas, eu entendi que tudo tinha sido uma grande armação. O que me restava, naquela hora, era continuar me mantendo calma e deixar que meus advogados fizessem o trabalho deles.

Se eu tinha achado que as redes sociais estavam ruins, não poderia imaginar o tratamento que passaria a receber da grande mídia. Nós sempre escutamos como a mídia é devastadora, e só agora, depois de ter sentido isso na pele, comecei a compreender o real impacto dela quando somos o alvo de sua malícia. Tentei o máximo que pude não olhar para as muitas matérias, as muitas manchetes, mas o pouco que chegou até mim foi difícil de engolir. Muitas mentiras, muitas informações erradas, desconexas; muita desinformação que construía, para o público, uma Marcela que simplesmente não existia!

Mentiras sobre eu ser rica, sobre meu consultório ser um espaço de luxo... Logo eu, que tantas vezes havia passado por dificuldades, que tinha batalhado e estudado tanto para ter o meu espaço. Aquilo apenas arruinou ainda mais a minha parte financeira. Eles estampavam as minhas melhores fotos, com as piores intenções e invenções! A mídia é perversa, é misógina — eles queriam usar a minha aparência física para me pintar como um monstro que eu nunca fui.

É impossível cogitar não se sentir abalada psicologicamente por uma situação assim. No início, parecia que eu estava no piloto automático, mas depois tudo veio como uma enxurrada de sentimentos, dores e ansiedades que eu era incapaz de controlar. Eu só tinha medo, pavor, de absolutamente tudo. De falar a coisa errada, de fazer a coisa errada. Eu queria me esconder do mundo, com medo de ser julgada, de ter dedos apontados para mim, mentiras jogadas na minha cara, sem poder me defender. De que adiantava tentar dizer a verdade se a opinião pública já estava formada?

Por dias eu acabei passando a me enxergar como um monstro, assim como eles quiseram me pintar. Passei a ter tantas dúvidas que antes não tinha, a questionar cada decisão que havia tomado... Eu me olhava no espelho e me via como aquela criatura terrível que eles descreviam nos programas de televisão e nas páginas de fofoca da internet. É tão, mas tão difícil manter a autoconfiança quando o mundo todo trata você como uma anomalia! Foi nesse momento que eu entendi que, quando o meu pai se suicidou, ele não queria acabar com a vida dele, mas sim dar fim à própria dor.

Eu não vou negar, era exatamente isso que eu queria fazer: pôr um fim à minha dor. Eu não via nenhuma saída além disso, além dessa tentativa. Eu havia sido orientada pelos meus advogados a não falar com ninguém sobre esse caso, a ficar quieta, a fechar os comentários no meu Instagram e nas outras redes. Eu não fui proibida de exercer minha profissão, já que não havia nada fora dos regulamentos e das leis nas práticas que eu exerço no meu consultório, mas eu saía escondido para trabalhar, com medo da represália, com vergonha da situação. Eu queria entrar pela porta da frente, mostrar que não tinha feito nada de errado, contar a verdade, mas tinha sido orientada a evitar essas situações, evitar chamar atenção, evitar qualquer desconforto desse tipo. Eu entendo que era o certo a fazer, seguir as orientações daqueles que me representavam, mas como doía me esconder, sabendo que a verdade estava entalada na minha garganta e eu não podia gritá-la para o mundo!

O que eu entendi muito depois e o que quero que você passe a perceber a partir desta leitura é o quanto nosso julgamento, sem todas as versões de uma história, pode machucar alguém de maneira profunda. A pior parte não é quando você está na delegacia, na cela, no processamento, na entrevista... O pior vem depois. Quando o mundo inteiro passa a observar sua vida e a tirar conclusões precipitadas, jogando em cima de você monstruosidades que não condizem com a realidade. Pior ainda quando você não pode fazer nada. A sensação de impotência é brutal. Você se sente sozinha, sufocada, sem voz, sem saída, sem uma luz no fim do túnel.

O que aconteceu?

No entanto, algo ainda me mantinha levemente sã e me forçava a ser minimamente racional: como é que eu havia chegado àquela situação? Eu sabia até onde ia minha culpa, mas as peças simplesmente não se encaixavam.

Quando minha mente passou a processar toda essa situação com mais calma, eu retornei aos momentos que tinha passado na delegacia. E, apesar do caos e das informações cruzadas que eram jogadas sem cautela para cima de mim, eu sempre fui muito observadora. Fiquei ali atenta, prestando atenção em todos os detalhes e no que aqueles que estavam em volta de mim diziam. Foi durante a confusão dentro da delegacia que eu ouvi, pela primeira vez, que aquilo tinha vindo de dentro do meu consultório.

Como assim? De dentro do meu consultório? Quem teria feito isso? E mais: por que teriam feito isso? O que é que eu tinha feito de errado para que alguém quisesse me causar esse mal? E, quando eu analisava tudo, não conseguia encontrar algo que pudesse ter feito para causar essa reação em alguém. Foi aí que eu pensei: *o que alguém ganharia fazendo o que fez comigo?*

Quando eu ouvi, de passagem na delegacia, aquele comentário sobre tudo ter acontecido por causa de alguém de dentro do meu consultório, eu me recusei a acreditar. Eu confiava nas pessoas que tinham acesso àquele espaço; os policiais deviam ter ouvido algo errado, só podia ser. Semanas depois, no entanto, quando já estava um pouco mais recuperada emocionalmente, é que comecei a traçar todos os acontecimentos. Então, tudo ficou muito claro para mim.

Na semana anterior à prisão, eu havia viajado para a Coreia do Sul — essa viagem, inclusive, foi um grande bafafá na mídia, porque usaram isso para falar que eu era rica, sendo que eu havia ganhado a viagem de uma empresa da qual compro fios de PDO (polidioxanona), e, pela quantidade de fios que eu adquiria continuamente, ganhei esse benefício.

O meu carimbo — o meu mesmo — sempre ficava na minha mesa. Todos que trabalhavam comigo ou frequentavam o meu espaço, de uma maneira ou outra, tinham livre acesso ao meu consultório e, por consequência, ao meu carimbo. Até então eu confiava em todos que trabalhavam lá. Naquela semana eu havia ficado fora do consultório por causa da viagem. Eu jamais teria pensado em checar se o carimbo que estava na minha mesa era o mesmo carimbo de sempre — aliás, quem confere uma coisa dessas?

Isso é o máximo de informação que eu posso e quero dar neste livro.

Peneiras

Muitas vezes nós vivemos os dias de maneira tão automática que esquecemos de parar para refletir sobre aquilo que temos ao nosso redor. De repente, de maneira quase sorrateira, algo pode acontecer e virar o nosso mundo inteirinho de cabeça para baixo. Parece que é uma força do Universo, vindo dar um chacoalhão na gente, como um aviso, para nos forçar a prestar atenção, a observar os detalhes.

Todos nós, no decorrer da vida, temos diversos acontecimentos desse tipo. Nem sempre são coisas negativas — há momentos lindos de troca sincera entre pessoas, como um casamento, o nascimento de um bebê na família, um novo relacionamento —, mas são as reviravoltas que nos mostram a verdadeira face daqueles de quem nos cercamos. A minha prisão, digo com convicção total, foi o maior estopim de mudança na maneira pela qual eu me relacionava. Precisei começar a selecionar pessoas.

Eu sempre fui muito aberta, muito sincera e disposta a me abrir, alguns podem até dizer que eu confio demais, e é verdade. Eu sempre fui aquela que diz "sim" antes de me dar conta de que talvez essa não seja a melhor resposta e perceber todos os motivos pelos quais eu deveria dizer "não". Eu era a Marcela que emprestava dinheiro para todo mundo — muitos, inclusive, me devem até hoje. Ajudar os outros é o que sempre me moveu, lembra?

Eu era a Marcela que abria as portas da minha casa, do meu local de trabalho, da minha família, do meu coração para os outros, sem pedir nada em troca, mas com a ingênua esperança de que seria recíproco quando eu precisasse de ajuda. Depois do que aconteceu, passei uma verdadeira peneira em tudo o que eu podia, da minha vida profissional à pessoal. Peneira e pente-fino, que foi para me livrar de quem já estava fazendo hora extra no meu círculo social.

Tive alguns "amigos" — e uma grande ênfase nas aspas nessa palavra — que, por anos, agiram como se fôssemos quase irmãos, mas que foram embora sem sequer perguntar como eu estava, não foram capazes de fingir que se preocupavam com o meu bem-estar, de perguntar o que estava acontecendo, de desconfiar que tudo aquilo pudesse não ser verdade! Tive outros que na minha frente, se faziam de muito preocupados, companheiros, mas, pelas minhas costas, desciam a lenha em mim de todas as formas possíveis e imagináveis.

Olhando para todos aqueles a quem eu chamava de amigos, os que mais me faziam sentir dor no coração, no entanto, eram os que diziam estar ao meu lado, que me mandavam mensagens de carinho e apoio, mas que claramente morriam de vergonha do que estava acontecendo comigo. Esses me causavam uma dor tremenda, porque eu via que, apesar das palavras doces, eles não me enxergavam mais da mesma forma, não acreditavam na pessoa que eu era, nas palavras que eu dizia, na história que tínhamos juntos.

Família, então, nem se fala. Mais uma grande decepção para a conta. É engraçado como os momentos difíceis mostram como é possível contar nos dedos aqueles que realmente estão conosco. As únicas pessoas da minha família que verdadeiramente ficaram ao meu lado, acreditaram em mim, deram apoio e me defenderam foram a minha mãe e a irmã dela, minha tia. Fora isso, um grande vazio; sem ligações, sem mensagens, sem e-mails, sem nada. Sem família.

A área da minha vida na qual essa peneira surtiu mais efeito, no entanto, foi nos parceiros de negócios. No ramo da estética, estamos sempre trabalhando com diferentes empresas, distribuidores, representantes, outros farmacêuticos, médicos etc. Antes do ocorrido, todo final de mês era um caos nas minhas redes de comunicação. Por telefone, e-mail, WhatsApp, eram sempre esses parceiros vindo até mim, falando sobre como precisavam bater cota de vendas dos produtos, dos equipamentos e tudo mais. E o que eu, trouxa e solícita, fazia? Comprava os produtos. Às vezes, mesmo sem precisar de nada, eu comprava, porque queria realmente manter essas conexões.

A estética é um ramo no qual é comum, entre os profissionais, cultivar fortemente as relações interpessoais. Muitos parceiros viram amigos e essas relações crescem, indo além dos negócios. Era isso que eu imaginava, pelo menos, que continuaria a existir, mesmo depois de tudo o que aconteceu. Mas percebi que estava enganada.

Dentre todos esses parceiros a quem tanto me dediquei para cultivar bons relacionamentos profissionais, eu pergunto: quantos você acha que ficaram ao meu lado? Quantos me apoiaram? Acreditaram na minha palavra? Continuaram a se associar comigo? E eu, com certo pesar, respondo: dois. Apenas dois foram capazes de separar a Marcela, pessoa física, da Marcela, pessoa jurídica.

Eu era *speaker* de duas marcas diferentes, antes de ser presa. Sempre compreendi perfeitamente que era a decisão certa, para essas empresas, desvincular a imagem profissional da marca deles do meu nome e da minha imagem. No entanto, a maneira desumana como fizeram isso foi terrível. Foram empresas que usaram do meu conhecimento, dos meus serviços, do meu currículo construído ao longo de muitos anos, em que os responsáveis foram incapazes de me tratar como um ser humano quando os laços econômicos tiveram de ser rompidos.

Dali em diante eu não prestava mais para eles, nem como profissional, e muito menos como a amiga que eu acreditava que era. Quando você é *speaker* para uma marca, sua relação com a empresa é como se fosse de família. Você se doa àquela ideia, àquela empresa, àquele conceito. Você viaja, faz workshops, passa por perrengues, tem alegrias, estresses, tristezas... É uma verdadeira montanha-russa de apego emocional.

Eu trabalhava com pessoas que se diziam minhas grandes amigas, que proferiam "eu te amo" e outras muitas declarações de amizade e parceria. Quando chegou a hora do vamos ver, a história foi outra. Eu não era mais a amiga, a parceira, a *maravilhosa Marcela* que tanto contribuiu para o crescimento dessas pessoas e dessas empresas. Não. Eu era só um número, um utensílio descartável. Então eu servia para colocar a empresa para cima, mas não para receber apoio quando eu precisava? Eu me senti usada.

Foi um baque estrondoso no meu emocional, não nego. Não só não nego quanto mal isso me fez, como admito e falo sobre isso com orgulho. Talvez pareça estranho ter orgulho de basicamente admitir que eu fui trouxa, que fui ingênua e me deixei ser usada, mas não vejo assim. Aqui, a minha admissão não é de tolice, mas sim de compaixão, de amizade, de boa índole. Eu vi o bem em pessoas que não mereciam, e, claro, os resultados foram negativos, mas também aprendi com isso.

Todas as consequências dessa situação não só me ensinaram muito sobre mim mesma e sobre as pessoas ao meu redor, mas também me deram ferramentas para me proteger melhor no futuro, em todos os aspectos. Hoje eu sou milhares de vezes mais capaz de identificar aqueles que só querem me usar, que me veem apenas como um degrau para que possam subir e alcançar algum sucesso enquanto me largam para trás, como se eu fosse um bicho. Para além disso, sou capaz de identificar também quem são aqueles que, de fato, estão comigo, me apoiam e estão ao meu lado — o que é mais importante ainda.

Por outro lado, em meio ao espanto de perder pessoas que eu acreditava que sempre estariam do meu lado, também tive surpresas positivas. Pessoas pelas quais eu tinha carinho, mas que jamais imaginaria que me dariam tanto apoio, acabaram vindo atrás, me mandando mensagem ou me ligando, oferecendo ajuda e suporte de diversas maneiras possíveis. Pessoas queridas, antes não tão próximas, que eu vi que tinham tanto carinho por mim e acreditavam em mim, muitas vezes mais do que aquelas das quais eu fui atrás quando precisei e me ignoraram.

Foram amigos que fizeram das tripas coração para me ver bem. Teve uma pessoa em especial, que praticamente deixou a própria vida de lado para me ajudar durante esse período. Vinha em casa para ver como eu estava, sempre me mandava mensagem, se oferecia para me trazer comida, telefonava para conversar e me deixar desabafar. Foi uma alegria inesperada saber que eu tinha tocado pessoas que eu nem imaginava que se importavam tanto comigo e poder reforçar essas conexões que hoje eu mantenho mais próximas de mim com muita afeição e carinho.

Não posso deixar de mencionar uma pessoa que é bem importante na minha vida há muitos anos e passou ao meu lado por todos esses perrengues que você leu até agora: Camila. Quem me conhece, consequentemente conhece a Camila, um presente de Deus desde 2012. Nem preciso dizer quanto ela ficou ao meu lado, quanto ela chorou tudo o que eu não pude chorar. Quando saí do fórum e fui para casa, ela estava lá. É difícil falar sobre ela e não me emocionar; a Camila daria outro livro inteiro. Sou grata por tê-la em minha vida e sei o quanto nossa amizade é verdadeira, para além desta vida!

O maior presente que eu recebi de toda essa situação, no entanto, foi perceber o meu impacto como profissional e a força da confiança que os meus pacientes tinham, e ainda têm, em mim e no meu trabalho. De longe, de todos os grupos de pessoas da minha vida que foram afetados por isso, os meus pacientes foram os meus maiores pontos de suporte. Para minha surpresa, foram pouquíssimos os pacientes que eu perdi, que deixaram de se consultar comigo ou vieram atrás de mim para falar coisas ruins, me ameaçar ou duvidar do meu trabalho e das minhas credenciais. A grande maioria continuou e continua comigo até hoje.

Nos primeiros dias depois de sair da cela do fórum, eu estava apavorada. Comecei a entrar em surto, pensando que teria que mudar de nome, de cidade, trocar de profissão; achei que precisaria me reinventar completamente e, pior de tudo, que perderia a minha grande paixão, que é a estética. Se meus amigos, familiares ou parceiros de negócios não queriam acreditar em mim, eu jamais poderia cogitar que meus pacientes acreditariam. Mas eles desmentiram os meus medos e foram a minha maior alegria; a confirmação de que o que eu fazia ainda era real, que tocava essas pessoas de maneira verdadeira e palpável.

O número de pacientes que me deram problemas, antigos ou novos, foi minúsculo. Algumas pessoas tentaram me passar golpes, estornando pagamentos feitos com o cartão de crédito, dizendo que o produto que eu tinha usado era falso... No fim, todas as vezes em que algo do tipo aconteceu, eu sempre fui capaz de provar que meu consultório realiza tudo nos conformes. Nós temos todos os números dos lotes dos produtos, todos os pacientes assinam termos de consentimento, as distribuidoras mantêm as informações em dia para bater com os compradores, e faço tudo da maneira correta. É mais uma prova de que eu jamais tive motivos para conduzir os meus negócios de maneira ilegal — eu jamais fiz ou farei algo assim.

É um orgulho imenso saber que, apesar do medo que eu senti quando tudo estourou, o meu trabalho falou por si só. Meus pacientes continuarem comigo é a maior prova de que o que eu faço tem valor, de que eu sou genuína no que me proponho e que, no fim das contas, a tentativa de me derrubar já não estava dando certo.

O JULGAMENTO

Desde o início dos tempos, desde que o mundo é mundo, o ser humano vive de aparências. Centenas de anos no passado, reis e rainhas existiam como os maiores símbolos de que as aparências importavam. Com suas vestimentas caríssimas e cheias de detalhes, seus penteados mirabolantes e suas joias raras, a família real era a prova viva da força, do poder e da prosperidade de um país. Quem não lembra das aulas de História, na época do colégio, nas quais aprendemos que a realeza da Antiguidade gastava fortunas apenas para manter as aparências? Apenas para convencer seus súditos, aliados e inimigos de que ali havia sucesso e fortuna?

Os povos dos reinos antigos, dos mais simples camponeses aos mais abastados nobres, tinham o mínimo acesso possível ao que acontecia por trás das cortinas de seus líderes. Só eram capazes de enxergar o que lhes era deliberadamente mostrado; elementos escolhidos a dedo pelos membros da realeza para fortalecer uma imagem positiva, de poder e respeito.

É fácil olhar para o passado e pensar que somos muito diferentes. Claro, quase não existem mais monarquias, e hoje temos carros, computadores, celulares. Conseguimos, em poucos cliques, falar com uma pessoa que está do outro lado do mundo. Com mais alguns cliques, postamos uma mensagem que ficará guardada eternamente na web. A realidade, no entanto, é que nós, humanos, em essência, continuamos os mesmos: seguimos vivendo de aparências.

As redes sociais

Quando as redes sociais começaram a se popularizar, acredito que nenhum de nós era capaz de prever o poder que essas ferramentas, hoje tão facilmente acessíveis, teriam no nosso dia a dia. No início, era apenas algo divertido. Uma página para compartilhar fotos e mensagens com amigos e familiares, um passatempo. Não muito tempo atrás, a internet era algo separado da nossa vida, era algo do qual podíamos nos desligar e era incapaz de ter efeitos muito negativos fora da tela. Hoje ela é imprescindível e inescapável.

 Comecei a sentir o real impacto das redes sociais por causa do meu trabalho. Antes mesmo que o incidente da prisão acontecesse e revirasse a minha vida de cabeça para baixo, eu já tinha tido a oportunidade de evidenciar o poder das redes como ferramenta de crescimento de sucesso, de socialização, de divulgação do meu trabalho e muitas outras coisas. A maioria dos meus pacientes, os mais fiéis mesmo, chegaram até mim através das redes sociais. É inegável o poder que um perfil on-line pode ter.

Desde que criei a minha página no Instagram, percebi quão importantes e úteis as redes são, principalmente, como ferramenta de trabalho. No entanto, elas também podem trazer perigos. É como um vício. Você fica constantemente checando notificações, interagindo com comentários, esperando e torcendo por likes. Sobretudo quando se trabalha na área de estética e beleza, isso acaba por distorcer bastante a sua visão de si mesma.

Há dias em que eu acordo e não tenho a mínima vontade de passar maquiagem, nem sequer um rímel ou um corretivo. Eu não quero passar batom, não quero nem olhar para um delineador. Admito, tem dias que eu não tenho nem vontade de lavar o cabelo, quero sair de cabelo sujo e pronto! Mas a minha imagem é o meu trabalho, as redes sociais são o meu veículo.

E eu não sou a única. Muitos outros profissionais usam as redes sociais para dar uma guinada no seu trabalho, para construir uma carreira mais sólida e expandir o seu negócio. Personal trainers, por exemplo, trabalham tanto com sua imagem quanto alguém como eu. São trabalhos fortemente associados à aparência física, que estão sempre no alvo das críticas, na mira dos *haters*.

A realidade é que o mundo é feito de julgamentos. "Não julgue um livro pela capa", diz o ditado, mas é exatamente o que fazemos uns com os outros, constantemente. Você consultaria uma profissional da estética que só posta fotos sem maquiagem, com a pele cheia de manchas e rugas? Você contrataria um personal trainer que só posta sobre estar descansando no sofá, comendo fast-food todos os dias? E esses são apenas dois exemplos dentre muitos. No fim das contas, somos programados para prejulgar a tudo e a todos, antes que saibamos mais informações ou entendamos uma situação mais a fundo, e isso não ocorre apenas com profissionais que lidam com a aparência física ou a saúde, não se engane.

No início da minha presença on-line, eu tinha duas contas no Instagram: uma pessoal e uma profissional. Na minha conta pessoal, eu postava coisas do meu dia a dia: saindo com os amigos, fazendo exercício, passeios, brincadeiras, piadas. Na profissional, eu postava sobre os meus cursos, informações da área, conversava com pacientes e alunos... Com o passar do tempo, percebi que administrar as duas contas tomava muito tempo e muita energia, era um grande desgaste mental apenas para ficar nas redes sociais. Decidi fechar a minha conta pessoal e mantive apenas a profissional.

Fiz isso por causa de uma frase em que eu acredito muito: pessoas se relacionam com pessoas. Não só administrar duas contas era exaustivo, mas percebi que também não era produtivo, não me ajudava de maneira alguma. Existe, nas redes sociais, uma busca por conexão, por sentir um certo vínculo com as pessoas que você vê na tela do seu celular. Foi aí que eu passei a postar coisas mais pessoais na conta profissional, e que a minha conta começou a fazer muito mais sucesso.

É claro, como já mencionei, o mundo é feito de aparências. Além disso, acredito que ainda é preciso manter certa privacidade, é preciso me preservar, de certa forma. Eu não posto quando estou deprimida na cama, sem vontade de fazer nada, até porque ali é o momento de me cuidar, não de me preocupar em performar para os outros em uma telinha digital. Mas eu posto, sim, os momentos descontraídos; a comida que eu faço de fim de semana, o meu exercício diário, a minha taça de vinho para relaxar de vez em quando... Porque eu acredito que, até como profissional, é importante mostrar que, apesar de tudo, no fim do dia, eu ainda sou humana e, como qualquer outro, mereço relaxar sem jamais viver uma vida tão regrada que se torna uma prisão.

Sempre tentei ter um bom equilíbrio entre me mostrar humana e me colocar em uma posição de vulnerabilidade. Às vezes, admito, ainda fico incerta se o que eu acabei de postar foi demais, se mostrei demais, se compartilhei demais. Ainda mais depois de passar pelo que passei, ainda tenho muito medo de julgamentos, de represália e de ataques. É difícil viver com o eterno receio de que um momento de fraqueza, um post de desabafo ou até uma imagem mais descuidada possam virar munição para ataques virtuais.

Lembro até hoje da primeira vez que abri o meu Instagram depois de voltar para casa. Quando tudo aconteceu, de início, os meus advogados foram muito eficientes e rapidamente tiveram o cuidado de tornar a minha conta privada, para me preservar o máximo possível e evitar as mensagens de ódio que eu inevitavelmente viria a receber. Aliás, mais que advogados, meus amigos, que estiveram ao meu lado o tempo todo e lutaram por mim, pois sabiam da minha índole e da minha história. Quando saí do fórum, foi ela, Maristela, que estava me esperando no começo da rampa, e foi ele, Josué, que me protegeu até o carro. Mesmo quando cheguei em casa, mantive tudo no modo privado e, por eles terem sido bem rápidos, eu ainda mantinha o meu número de cerca de 80 mil seguidores. Vi que tinha solicitações para me seguir e solicitações de mensagens, mas evitei olhar muito e, sinceramente, ainda não tinha a menor ideia da proporção.

Não muito tempo depois — no máximo, uma semana —, decidi reabrir a minha conta. Estava cansada de me esconder, de ficar calada enquanto o mundo seguia e eu me sentia travada no lugar, sem conseguir viver a minha vida. Abri a conta e postei um comunicado, basicamente falando que eu abriria a conta novamente, porque precisava seguir a minha vida como sempre foi e deveria continuar sendo. Eu não era essa pessoa que a mídia pintava como criminosa, como mau-caráter, então me sentia injustiçada tendo que me esconder.

No que eu reabri a minha página, sabendo que teria que monitorá-la, eu me deparei com um crescimento quase inacreditável nos meus seguidores. De início eu estava com os meus familiares 80 mil seguidores, um número que eu já tinha fazia um tempo. Em poucos dias, passei para 90 mil. Depois, 92... 93... No dia em que o *Fantástico* exibiu uma matéria sobre mim, meu Deus, eu cheguei a 250 mil seguidores! Era um número inacreditável para mim.

Eu sabia, naquela época, e sei até hoje, que a gigantesca maioria dessas pessoas que passaram a me seguir não era de pessoas interessadas no meu trabalho. Todos esses novos seguidores tinham pelo menos um de dois motivos principais para começar a me seguir: ou para me agredir verbalmente, ou por curiosidade de saber quem era essa figura controversa que apareceu na televisão.

No mesmo ritmo em que eu ganhava novos seguidores, também recebia dezenas, se não centenas, de comentários de ódio nas minhas fotos, nos meus posts, em tudo. Eu li, ouvi e vi muitas coisas pesadíssimas sobre mim nessa época. Palavras horríveis, ódio que era destilado sem filtro algum, não só por internautas aleatórios, mas por veículos de mídia, dos quais talvez eu esperaria o mínimo de profissionalismo, mas não.

Confesso que eu evitava ao máximo quaisquer notícias, reportagens ou postagens sobre mim, ainda mais vindas de grandes personalidade na mídia ou de gigantes veículos de imprensa. Era difícil me proteger de todas essas falas, vindas de todos os ângulos possíveis, e tentei o máximo que podia, mas algumas coisas ainda chegavam até mim. Um apresentador de televisão chegou a me chamar de *assassina*, sem nenhum discernimento da realidade, sem nenhum comprometimento com a verdade, sem, claramente, saber do que é que estava falando!

Eu, desde muito, muito tempo antes desses acontecimentos, já era uma pessoa que frequentava a terapia, por diversos motivos — tanto por traumas e dificuldades da minha história, quanto para me manter com uma mente saudável no meu dia a dia, mesmo quando estivesse em uma fase boa da minha vida. Eu já trazia para a terapia essa questão das redes sociais muito antes da prisão, e, depois dela, isso só se intensificou. E foi mais ou menos em 2023 que surgiu a ideia de escrever um livro.

As redes sociais, tanto a atenção exacerbada quanto os comentários de ódio, sempre fizeram parte das minhas preocupações e dos meus cuidados porque eu, mesmo antes de tudo, tinha um número significativo de seguidores me acompanhando e já era alvo das diversas armadilhas que acompanham um determinado nível de sucesso nas redes sociais. Eu acreditava — erroneamente, hoje vejo — que estava preparada para esse tipo de situação, esse tipo de ódio, esse tipo de ataque.

Hoje tenho plena consciência de que ninguém jamais poderá estar, de fato, preparado para uma situação dessas. Eu me achava psicologicamente preparada, mas nada nesse mundo prepara você para algo assim. O julgamento humano é muito pior que o julgamento judicial. Não existe ser humano no mundo evoluído o suficiente para não se abalar. Ser criticada é uma coisa, agora o ódio sem filtro que chega até você a partir de uma situação dessas é indescritível, é inacreditável.

Estando hoje em dia muito melhor comigo mesma e com o mundo ao meu redor, eu olho para trás e não me surpreende que eu tenha entrado em depressão nessa época. Muitos dos meus amigos próximos acharam que a cela foi o pior dia, que lidar com a polícia foi o que causou a depressão. Mas não, nada disso. Ela veio nos dias depois da prisão, nos dias em que eu estava sozinha, lendo as coisas horríveis que estavam falando sobre mim, perguntando a mim mesma: "Será que eu sou mesmo esse monstro? Será que todas essas pessoas estão certas?".

Isso tudo não aconteceu somente nos comentários ou através de mensagens no meu Instagram. Foram atrás de mim em outras redes sociais. Eu recebi e-mails com falas terríveis. Vi artigos e comentários postados em sites gigantescos, falando as coisas mais pesadas que você pode imaginar, e era tudo sobre mim. Eu não reconhecia essa Marcela a quem essas falas horrorosas eram direcionadas, mas o mundo todo achava que essa era eu. Era uma sensação apavorante.

E você não se engane: aqueles comentários no meu Instagram e nas páginas de fofoca não eram somente de estranhos, pessoas que não me conheciam e que estavam loucas para me destruir simplesmente pelo prazer de ver alguém se desfazer. Eu vi, mais de uma vez, pessoas conhecidas, pessoas que dias antes haviam me telefonado para perguntar como eu estava, agora, tendo a coragem de digitar e enviar as piores coisas possíveis sobre mim, sem a mínima vergonha, sem o mínimo respeito.

Havia uma pessoa para quem eu tinha dado aula anos antes, que conversava comigo com frequência por mensagens privadas no Instagram, sempre tirando dúvidas ou me elogiando. "Ah, você é maravilhosa" e isso e aquilo, mas, quando tudo estourou, estava nos comentários descendo a lenha em mim, dizendo que nunca teve o meu apoio como professora, que me viu em congressos falando do implante para os glúteos. Isso nem chega aos pés dos comentários mais pesados que eu li, com xingamentos sujos mesmo, mas é uma das muitas traições de pessoas que se fingiam próximas, mas me apunhalaram pelas costas na primeira oportunidade que tiveram.

Os xingamentos virtuais foram ruins, sim, foram a pior parte para a minha saúde mental, isso eu não nego. Mas, no meio disso tudo, veio um mal muito mais assustador, algo que me aterrorizava e me paralisava de medo, que eram as ameaças. Sempre que um caso chocante é lançado na mídia, as pessoas correm para destilar ódio, mas muitas levam isso muito além de palavras negativas. Eu recebia ameaças contra a minha vida, diariamente. Ameaçaram até a minha mãe, dizendo que fariam coisas horríveis comigo e com ela.

Em uma situação dessas, é inevitável se sentir completamente fraca, completamente impotente. Você vê dos mais insignificantes estranhos até os mais poderosos veículos de mídia falando mentiras alarmantes sobre você, encorajando que outros te ataquem e te difamem, e não há absolutamente nada que possa fazer para se defender.

É impossível receber esse tanto de ódio on-line e se defender, porque as pessoas que te atacam querem que você responda, elas querem a sua atenção, para tentar colocar você ainda mais para baixo.

Como já mencionei diversas vezes, sempre fui uma pessoa muito conectada com a minha espiritualidade, sempre foi um aspecto de extrema importância para mim. Com tudo o que estava acontecendo comigo, no entanto, foi difícil não me abalar, foi um desafio muito grande continuar firme nas minhas crenças, na minha força espiritual. Era muita energia negativa canalizada para mim, e o meu psicológico abalado acabou por atrair muitas coisas ruins. Eu me sentia desacreditada de que havia algo maior, algo além daquela energia negativa em volta de mim, e isso, é claro, só atraiu mais negatividade.

Sei que não sou a única a ter passado por um momento ou uma fase de dificuldade e dor tão grandes que parece impossível juntar forças para se reerguer. Sei que você que tem este livro em mãos também já viveu, ou está vivendo, momentos duros. É um sentimento de impotência, de tristeza profunda, de completa fraqueza perante o mundo e a si mesmo, em que nem cogitamos seguir em frente pois parece não só impossível, mas inútil.

Por dias e dias a fio, eu simplesmente fiquei presa nesse ciclo ininterrupto de ler os comentários de ódio, de me olhar no espelho e me questionar se eu era esse monstro que me apontavam dizendo que eu era. Eu fiquei travada, incapaz de me puxar para fora desse círculo vicioso negativo. O Brasil inteiro olhava para mim e não só pensava, mas dizia as piores coisas possíveis.

Cheguei a um ponto em que, infelizmente, não via mais motivos para viver. Não havia mais razão nenhuma, na minha visão, para continuar aqui. Quando se está no epicentro de um acontecimento como esse, com bombardeios de ofensas e ódio vindo de todos os ângulos, é impossível enxergar as coisas com clareza. Eu, é claro, não via nada além do ódio que eu recebia on-line; era inconcebível que eu pudesse sair daquele buraco.

Lembrei do meu pai. Lembrei de como ele sofreu nos últimos meses da sua vida e do que ele havia feito. Essa foi a primeira vez que eu comecei a entender as motivações dele. Não se confundam: eu jamais apoio fazer algo do tipo e acredito piamente que sempre se deve buscar ajuda, que sempre há uma saída. Mas foi ali que eu entendi como as coisas acontecem.

Eu simplesmente não via como poderia continuar vivendo daquela forma. Não existiam, na minha concepção, quaisquer possibilidades de que eu pudesse voltar a viver a vida tranquila e feliz que eu vivia antes. Claro, eu havia passado por momentos de tristeza, por tragédias, por dificuldades, mas jamais havia vivido nada parecido com o que estava vivendo naquele momento, e não é exatamente uma experiência comum, que muitos entendem e oferecem ajuda. Eu me sentia praticamente exilada da sociedade.

É com muita dor e tristeza que eu admito isso, mas tentei tirar minha própria vida. Mais de uma vez. Os detalhes de como tudo aconteceu, confesso, são como um borrão na minha mente. Eu lembro da dor, do desespero e do nervosismo. Lembro de tomar vários remédios da primeira vez. Na segunda tentativa, lembro de estar dirigindo e decidir acelerar o carro e não brecar, olhando para o ponto exato na mureta da avenida em que meu carro iria bater e capotar; eu só precisava soltar as mãos do volante naquele minuto, tudo calculado certinho.

Eu estava muito, muito perto de ir a fundo com o meu plano, principalmente na segunda vez. Tinha certeza, estava decidida e em paz com a minha escolha, apesar de toda a dor dentro de mim. No entanto, hoje vejo como um sinal, e talvez tenha sido mesmo, enquanto eu acelerava o carro, vi um *flash* (provavelmente um radar), um clarão, e isso me assustou. Eu parei de acelerar. Respirei fundo e dirigi o resto do caminho de volta para casa assustada, em silêncio.

Chegando em casa, não tive nem a coragem nem a força para sair do carro e pegar o elevador para o meu apartamento. Fiquei horas e horas sentada no banco do motorista, sem coragem de abrir a porta e de encarar o mundo; só estava ali, chorando copiosamente e chamando pelo meu pai. Como eu precisava dele naquele momento. Ainda em lágrimas, pedindo para o meu pai vir me buscar, acabei adormecendo no carro — não por muito tempo, não mais de uma hora, no máximo.

Não sei se estava ainda um pouco adormecida ou se estava acordada, mas dei um pulo no banco do carro ao ouvir uma voz, brava, quase me dando uma bronca: "Você tá maluca? O que você tá fazendo? Chega de dar escândalo!". Até hoje, não sei se essa voz foi do meu pai ou de um dos meus mentores ou guias, mas foi um momento que, apesar de muito dolorido, me ajudou a me reerguer, mesmo que para avançar apenas pelos primeiros degraus.

Levou algum tempo até que eu conseguisse encontrar as crenças dentro de mim para voltar a ter momentos de oração antes de dormir, para puxar de dentro de mim a calma e a força que eu precisava e merecia.

Hoje eu sei que, na verdade, nunca estive desprotegida espiritualmente. Por mais que me sentisse mal, fraca e sem esperança, eu sempre estive muito bem protegida. A maior diferença é que essa foi uma época complicada, um período em que eu simplesmente não era capaz de enxergar nada disso. Era muito difícil ver o mundo ao meu redor de maneira clara, de modo a realmente enxergar o que estava além da negatividade à minha volta.

Mas, garanto a você, hoje eu acredito de pés juntos que meus protetores fizeram um trabalho incrível, porque eu estava machucada por dentro, mas eles estavam sempre de olho, sempre me ajudando. Sempre tive guias muito fortes. Eu não os enxergava enquanto estava ali, no olho do furacão, o mundo todo confuso e desfocado enquanto tudo o que eu queria era encontrar meu pai — mas os meus guias estavam ali, sempre me protegendo.

Respiros

Assim como as peneiras que eu tive de passar no meu círculo social para garantir que estivesse cercada apenas de pessoas que genuinamente me amavam e se importavam comigo, tudo isso também fez com que eu me fortalecesse e aprendesse a me preservar. Os eventos me ensinaram a dizer "não", a analisar as situações e as pessoas que vinham até mim e a saber como navegar tudo isso de forma saudável para mim mesma, em vez de dar mais de mim do que eu tinha para dar e acabar, digamos, com um saldo negativo — energética e emocionalmente falando.

De certa forma, eu acredito que os acontecimentos dessa época, apesar de muito doloridos e quase fatais, ajudaram a criar a Marcela que eu sou hoje em dia. Com defeitos, qualidades, forças e fraquezas, a Marcela de hoje só é quem é e só está onde está, em todas as áreas da vida, devido aos acontecimentos do passado, e esse caso não foi diferente, de maneira alguma.

Hoje vejo que, apesar de tudo, as consequências e os impactos dessa situação não foram somente coisas negativas, pelo contrário. Recebi, com frequência, mensagens boas. Mensagens positivas de pessoas que eu jamais imaginaria que viriam falar comigo naquele momento; pessoas com quem eu não tinha contato há meses, às vezes até anos, que me mandaram mensagens de carinho. Recebi boas energias, orações e palavras de apoio; até recebi algumas pessoas em meu consultório para realizar rezas para mim.

Teve um caso que me marcou muito, porque me fez perceber quão incrível a vida é. Às vezes, temos um impacto positivo na vida de outra pessoa que nem sequer imaginamos, tampouco consideramos ter feito tanta diferença assim. Uma antiga paciente, que frequentou por cerca de três anos o meu consultório, acabou saindo do Brasil para morar no exterior. O meu caso repercutiu em alguns lugares fora do país e acabou chegando até ela.

Não nos falávamos há muito tempo; eu a seguia no Instagram e vice-versa, mas não conversávamos, de fato, há meses, se não anos. Eu lembrava dela, mas já não fazíamos contato frequente. Ainda assim ela me mandou uma mensagem, contando como lembrava que, na primeira vez que eu a atendi, eu mesma abri a porta do consultório, porque eu ainda não tinha recepcionista. Ela descreveu passo a passo o caminho dela do elevador ao consultório, recordou com detalhes da nossa conversa, do meu atendimento, da consulta e tudo mais.

Ela me disse: "Ali eu vi a Marcela não só como profissional, mas como ser humano mesmo. A luz que você tem, a força que você tem, o pouco da história de vida que eu acompanhei quando te via com mais frequência... Você é maravilhosa. Não se deixe cair e não se deixe abater". Foi uma mensagem muito bonita, que me tocou profundamente e eu guardo com carinho até hoje, sempre me recordando desse momento de alento que ela me proporcionou.

Ela não foi a única. Recebi mensagens de apoio de pessoas completamente desconhecidas. Confesso que rolava um medo, uma ansiedade dentro do meu peito, sempre que eu abria mensagens de desconhecidos, mas só assim eu pude receber o carinho e o apoio de tantas pessoas que nem sequer me conheciam ao vivo, mas acreditavam em mim, na minha palavra e no meu trabalho.

Foram diversas as mensagens de carinho e suporte que eu recebi. Muitos dos meus seguidores mandavam coisas do tipo "Oi, Marcela, sou seu seguidor. Eu te acompanho há um tempo e sinto como se te conhecesse. Espero que você fique bem, Deus está com você e você vai superar isso". Eu li muitas, mas muitas coisas bonitas que me encheram de alegria em momentos que já estavam muito difíceis.

É muito difícil não só para mim, mas acredito que para a grande maioria das pessoas, esquecer as coisas negativas e focar apenas as positivas. Parece que uma palavra negativa tem, na nossa autoestima, um efeito vinte vezes mais poderoso do que dez mil palavras positivas. No início, foi muito difícil me forçar a não focar o negativo, mas com o tempo, com a terapia, com o apoio daqueles que são próximos de mim e com a ajuda dos meus guias espirituais, foi ficando cada vez mais fácil apreciar todas as belezas e todos os aspectos positivos que vieram com a enxurrada de ódio e problemas.

No dia em que resolvi reabrir o meu Instagram e tornar a seção de comentários pública novamente, confesso que estava bastante apreensiva. Ainda recebia coisas horríveis pelas mensagens privadas, mas a quantidade e a gravidade das mensagens haviam abrandado de forma significativa, e eu pensava, já fazia um tempo, que talvez a poeira estivesse baixando e eu poderia ter um pouco mais de paz novamente nas redes. O nervosismo era grande, mas a vontade de voltar a viver e deixar de ser refém de pessoas amargas era muito, mas muito maior.

Quando abri os comentários, confesso, foi uma surpresa enorme. Os primeiros foram positivos. Amigos e colegas comentando sobre as postagens que eu fazia, interagindo de maneira leve. Novos seguidores, aqueles que haviam acompanhado melhor o caso e acreditavam em mim, também passaram a deixar palavras bacanas nos meus posts, fossem sobre mim ou sobre o meu trabalho.

Desde que saí da cela do fórum, eu só quis me fechar para o mundo, não quis ver ninguém, muito menos conversar e falar sobre o que estava acontecendo. Assim, a única maneira possível de qualquer atenção ou interação de fora chegar até mim, positiva ou negativa, era através da internet e das redes sociais. Foi a principal maneira que usaram para me atacar e me magoar, mas também foi a única forma pela qual pude receber apoio, carinho e suporte. A positividade, no fim, foi o que me salvou.

Atualmente, levo todos os comentários negativos e todas as tentativas de me botar para baixo com muito mais leveza e até bom humor. Na época eu via comentários de *haters* nos meus posts e ficava furiosa, só sabia chorar de ódio e reclamar para os meus amigos. Agora? Eu dou risada. Vez ou outra alguém comenta alguma coisa bem infantil, claramente só querendo provocar uma briga comigo, e eu dou risada. Simplesmente, agora é muito fácil perceber que essas pessoas apenas têm vidas e corações vazios, e que não há nada que elas falem sobre mim que possa ser verdade — elas não me conhecem, elas nem ao menos querem me conhecer, é exclusivamente sobre destilar ódio e tentar tornar os outros infelizes, como elas mesmas são.

Depois que passei a me conectar muito mais com as falas positivas das pessoas, tanto dos meus amigos próximos quanto dos meus seguidores — que eu mal conhecia, mas me apoiaram muito mais do que pessoas que eu antes acreditava serem minhas parceiras —, também consegui voltar a me conectar mais com a minha espiritualidade. Felizmente, pouco a pouco fui capaz de voltar a fazer as minhas orações todas as noites antes de ir dormir. Eu fui, dia após dia, ficando cada vez mais calma, cada vez mais serena, cada vez mais resiliente.

Eu já não estava naquela fase de desespero, de medo contínuo e infindável, em que eu não via saída e não achava ser possível voltar a ser feliz e tranquila como antes. O oposto, na verdade, aconteceu: eu já começava a enxergar a minha vida, lentamente, voltando ao normal. O caminho seria longo e eu ainda estou nessa trajetória, mas já vejo em mim uma versão mais forte, mais segura e mais poderosa, até mais do que a Marcela de antes de tudo isso.

O que eu aprendi com a prisão?

Hoje em dia, penso em tudo o que aconteceu e em como eu ter me afastado da minha espiritualidade acabou me deixando ainda mais vulnerável aos efeitos negativos dessa situação, principalmente ao ódio e aos ataques das pessoas que só queriam me colocar para baixo e me ver destruída. Hoje já sei, e faço questão de lembrar, que a espiritualidade é um elemento imprescindível na construção da minha força e da minha capacidade de me manter de cabeça erguida e lembrar que eu consigo passar por quaisquer obstáculos que a vida possa vir a jogar no meu caminho.

Preciso dizer que a espiritualidade me salvou não apenas porque eu ajoelhava à noite aos pés da cama e pedia: "Meu Deus, me ajuda, faz tudo isso passar". Não. É claro, eu pedia forças, eu pedia ajuda, eu pedia uma luz. Mas o principal fator de todas as minhas orações era agradecer. Quando perdi a maioria das coisas que eu acreditava serem parte de uma fundação indestrutível da minha vida — relacionamentos, negócios, minha reputação etc. —, percebi que tudo o que eu havia construído, infelizmente, era muito frágil. A vida de todos nós é frágil; todos nós estamos a um segundo de perder tudo, ou quase tudo, que construímos, porque nunca sabemos o dia de amanhã.

Assim, quando me vi naquela situação, lentamente me reconectando com a minha espiritualidade, me senti compelida a agradecer pelas coisas que ainda tinha. Eu agradeci por ainda ter a minha casa, por ter comida, por ainda ter minha mãe, minha tia e os amigos que ficaram ao meu lado. Agradeci porque ainda tinha saúde, tinha meu consultório, porque tinha meus advogados e a oportunidade de me defender.

Aprendi, talvez na marra, que a espiritualidade é um dos fatores mais importantes que tornam a Marcela quem ela é e que eu não posso, de maneira alguma, deixar de estar conectada com essa parte da minha vida. Não importa quanto eu pense que estou exausta, que não tenho tempo, que não preciso... Não. Nenhuma desculpa é boa o suficiente para justificar que eu me desconecte dessa parte tão importante de mim, dessa fonte inigualável de força e resiliência que tenho muita sorte em ter.

Não preciso estar presente de corpo físico em uma igreja, em um templo ou um centro espírita, por exemplo. O meu corpo físico, quando se trata da espiritualidade, é apenas um detalhe, hoje vejo isso de maneira quase cristalina. Todas as religiões acreditam, à sua maneira, num poder maior — seja esse poder um mentor, um guia, um pai ou uma luz. Hoje sei que, contanto que eu esteja presente de alma, mente e coração, a espiritualidade se conectará com tudo isso e estará presente na minha vida.

Parece muito torto dizer que eu tive a sorte de aprender isso, mas acredito que foi exatamente o que aconteceu. Foi dolorido, foi sofrido, foi agonizante, mas esse momento da minha vida foi de extrema importância para que eu aprendesse uma série de lições que eram absolutamente necessárias para que eu crescesse. Talvez, às vezes penso, isso tenha acontecido porque eu precisava mesmo de uma chacoalhada das boas para me tocar de certas coisas, para abrir os olhos para determinadas questões e evitar, quem sabe, um baque muito pior no futuro. Mas eu aprendi, sim, muitas coisas com isso.

Aprendi que são pouquíssimas, pouquíssimas mesmo, as pessoas para as quais nós temos que dar as mãos e segurar com firmeza de verdade. Na marra, eu recebi essa lição valiosíssima de que é importante escolher essas pessoas com muita calma, muita sabedoria e muita paciência. Eu sempre fui bastante receptiva, que recebia de braços e coração abertos quaisquer pessoas que precisassem da minha ajuda ou se mos-trassem amigas, mesmo que de maneira superficial. No fim, é claro, quebrei a cara, mas foi uma lição preciosa que deu uma reviravolta, para melhor, na minha vida.

Eu era uma pessoa que queria sair ajudando Deus e o mundo, sem pensar nas consequências, sem considerar o amanhã. Há, de fato, algo muito bonito, muito singelo em ter um coração aberto e uma vontade de ajudar o próximo, não vou negar, mas é importante, acima de tudo, que nos preservemos e nos resguardemos daqueles que só visam nos fazer mal. Precisamos estar espertos, para não deixar entrar em nossa vida, em nosso coração, pessoas que só vão sugar aquilo que há de bom em nós, enquanto, em retorno, só nos dão experiências negativas.

Outra lição importantíssima que eu aprendi nessa situação foi sobre julgamento. As pessoas são muito rápidas em querer julgar os outros, em apontar dedos e fazer comentários desagradáveis, acusando tão facilmente pessoas que elas nem ao menos sabem se são isso ou aquilo. É fácil olhar para um estranho na rua ou na internet e presumir que sabe tudo da vida dele, simplesmente pela roupa que está usando ou por uma atitude fora de contexto que você observou. E, acreditem, não estou me isentando de nada disso, muito pelo contrário.

Eu mesma, na cela do fórum, estava observando todas aquelas meninas, ouvindo suas histórias e os motivos das suas prisões, e era praticamente impossível não julgar. Como alguém pode fazer isso? Como ela acreditou nesse homem? Será que ela não percebeu que estava sendo usada? Mas, para mim, era fácil ver tudo aquilo de fora, ouvir uma parcela tão pequena da vida delas e chegar a essas conclusões. Cada dia tento melhorar nesse quesito e sei que é difícil.

No entanto, assim como eu gostaria que o mundo tivesse tido essa compaixão e empatia comigo quando precisei do benefício da dúvida e muitos não estenderam isso a mim, tento, o máximo que posso, estender isso aos outros.

Ainda no fórum, outra questão que eu pude observar e me deixou extremamente chateada é como as mulheres, no todo, ainda são frágeis na nossa sociedade. Como ainda somos usadas e abusadas por homens que não nos dão o mínimo valor, que não nos veem como seres humanos, como pessoas merecedoras de amor, carinho e respeito. Não apenas em questão de parceiros românticos, mas amigos, colegas de trabalho, chefes, até estranhos... Eu fui muito privilegiada de ter tido muitos homens na minha vida que me respeitavam e me amavam, mas sempre conheci muitas mulheres que não tiveram a mesma sorte; mulheres que não eram respeitadas nem cuidadas por nenhum dos homens em suas vidas, eram apenas usadas e descartadas.

Foi muito triste observar todas aquelas meninas, ouvir suas histórias e entender que elas não estariam ali se tivessem sido tratadas com respeito e com amor, se tivessem sido valorizadas não somente como mulheres, mas principalmente como seres humanos, pelos homens que estavam em suas vidas — homens esses que eram os exatos motivos de elas estarem atrás das grades.

Por fim, aprendi a ser mais leve. Continuo frequentando a terapia, porque a recuperação emocional necessária depois de passar por uma situação tão extenuante é um caminho longo e sinuoso. Quem me dera pudesse voltar a ser a mesma Marcela de antes, com toda a ingenuidade e o otimismo que exalavam de mim, num piscar de olhos. Mas no final das contas eu prefiro caminhar por essas linhas tortas, desviando das pedras e dos obstáculos, para chegar a um final mais feliz, do que me manter voluntariamente cega para os perigos que estavam tão próximos de mim.

Não foi fácil no início, e, confesso, ainda não é fácil. É muita terapia, muito foco na minha espiritualidade e muita, mas muita, paciência comigo mesma. É de suma importância, aprendi, que eu dê tempo ao tempo, que eu me dê uma brecha para levar cada dia de uma vez e lembre sempre que nada que valha a pena conquistar é obtido num piscar de olhos. Mas hoje, sim, eu sou mais leve.

Procuro levar algumas coisas com tanto bom humor que até no consultório nós brincamos com a questão da "falsa médica". Derrubei algo sem querer? "Ah, olha lá: falsa médica quebrou um copo!" Cheguei atrasada? "Ih, falsa médica chegou dez minutos depois do horário." Eu sempre fui muito brincalhona, sempre gostei de fazer piadas e de não levar a vida tão a sério, então poder resgatar esse meu lado depois de passar por tempos tão sombrios me ajudou demais. Resgatar essa simplicidade que vem com as piadas e a leveza do riso foi um grande suspiro de alívio no meu dia a dia.

Como já disse antes, por um tempo bem mais longo do que eu gostaria de admitir eu não entendia quando as pessoas me falavam que eu era forte. Eu era prática, era boa com burocracia, era competente, era brincalhona, era divertida, eu era muitas e muitas coisas. Mas forte? Eu não entendia de onde tiravam isso, juro. Olhando para trás, analisando tudo o que passei e o trajeto complexo pelo qual venho caminhando, entendo de onde todos esses comentários e exclamações vieram. Reencontrar leveza e bom humor depois de tanto apanhar é só para os fortes mesmo. Se a Marcela de ontem era forte e não sabia, a Marcela de hoje é mais forte ainda e sabe muito bem. A Marcela do futuro? Essa jamais duvidará da sua força e muito menos deixará que outros a questionem.

SABER SEGUIR EM FRENTE

Se tem uma coisa da qual eu tenho certeza é que, nesta vida, nenhum de nós passa ileso. Nenhum de nós caminha sem alguns tropeços. O Universo não poupa ninguém, e infelizmente a maioria de nós se pega quase completamente despreparada quando algo de grande impacto causa uma reviravolta na nossa vida, ainda mais quando se trata de um acontecimento negativo. Muitas vezes, mais do que gostaríamos de admitir, nós pensamos em desistir. Para alguns, a possibilidade de desistir é algo que passa rápido, um pensamento fugaz e inconsistente. Para outros, infelizmente, é algo que chega a considerar seriamente, às vezes até fazendo planos e, nos piores casos, indo a fundo com essa ideia.

Mas eu percebi que desistir simplesmente não é uma opção. Claro, no sentido literal da coisa, é, sim, uma das saídas. No entanto, como alguém que viveu na pele tanto o desejo e a tentativa de desistir quanto as consequências de uma desistência para aqueles que ficam para trás, eu garanto: essa jamais será a melhor escolha, jamais será a escolha certa. Para você mesmo e para aqueles que te amam, sempre vale a pena escolher viver.

Quero que você saiba que, se está passando por alguma situação muito difícil neste momento da sua vida, pode tomar a minha história como exemplo para lembrar que é possível encontrar uma saída: seguir em frente é o único caminho. Aqui, perceba, não estou dizendo para você jogar tudo para o alto e não resolver o problema, abandonar quaisquer questões pendentes e esquecer do mundo. Não, jamais.

O que eu quero dizer é que você já passou por todos os momentos mais difíceis da sua vida até agora e ainda está aqui. Quantas outras vezes no passado você não quis jogar tudo para o alto, quantas vezes não pensou em desistir de tudo? Quantas vezes você não quis simplesmente sumir, apenas para que a dor e os problemas finalmente terminassem? Mas você ficou. Você ficou, você lutou e continua aqui.

Eu admito, por diversas vezes, em diferentes momentos da minha vida, eu pensei: *Dessa vez não tem jeito. Não tem como consertar a minha situação.* Cheguei a olhar para minha própria vida e pensar: *Mas que cagada! Que vida difícil! Será que vale a pena eu tentar tanto, se sempre vai ter algo ruim acontecendo comigo?* Acredite, eu entendo esse sentimento, essa vontade de jogar tudo para o alto e desistir, de parar de tentar. Hoje eu olho para trás e vejo que fui boba, exagerada em pensar que não havia como seguir em frente. Sempre há um jeito. Pode confiar em mim, qualquer que seja o problema que você está enfrentando agora, pare e olhe para o seu passado.

Você superou vários obstáculos, então vai superar este também.

Acredite, eu entendo muito bem — mais do que gostaria — quão difícil é se manter de cabeça erguida quando parece que tudo está desmoronando, quando a sensação que você tem é de que o Universo está conspirando especialmente contra você, planejando destruir e arruinar tudo. Eu mesma tive esses exatos pensamentos diversas vezes, tantas que até já perdi a conta.

Eu ficava sempre oscilando entre me culpar e jogar tudo na conta do azar. Ou insistia em achar que eu simplesmente fazia tudo errado, era incapaz de acertar em qualquer área da minha vida e todas as desgraças que aconteciam comigo eram minha culpa, de alguma forma. Ou, pior, eu simplesmente me rendia a culpar a sorte e falar "Bom, eu tenho dedo podre e pronto! Só pode ser isso".

Uma realidade dura de aceitar é que, quando somos jovens, a vida é feita de mais erros do que acertos. Como já falei, viemos ao mundo para aprender e melhorar. Se fôssemos capazes de tudo, se já soubéssemos sempre o jeito certo de resolver todos os nossos problemas, como iríamos evoluir? É como ir para a escola: primeiro precisamos aprender a somar um mais um, para depois entendermos as equações de segundo grau.

A vida é um caminho longo, torto e cheio de pedras e buracos, sim. Não há como chegar ao final do caminho, se não passarmos pelos perigos e empecilhos que encontramos no nosso trajeto. Mas também podemos olhar para a vida como uma escada: é impossível chegar ao topo sem antes pisar nos degraus que estão lá embaixo, bem no comecinho. E, se você tentar pular um degrau, saiba que o perigo de cair é bem maior.

Tanto eu, quanto você, quanto as pessoas mais queridas em nossas vidas, já passamos por dificuldades que, na época, não imaginávamos ser capazes de superar. Mas superamos. Vencemos e seguimos em frente. O Universo jamais nos dará batalhas que não somos capazes de vencer, lembre-se disso.

Se estivéssemos neste mundo para nunca errar, nunca passar por dificuldades, nunca ter nenhum problema, por qual razão estaríamos aqui, afinal? Nós viemos para evoluir e aprender. Errar é humano, é parte do que nos torna seres tão belos, tão complexos, tão profundos. Devemos observar aquele erro e ser capazes de, perante as dificuldades, procurar fazer melhor, para nós mesmos, para aqueles que amamos e até mesmo para o futuro, para a sociedade.

Se o inevitável é que cada um de nós cometerá erros, restanos encontrar a resiliência para avaliá-los como são, nem maiores nem menores. A maioria deles serão pequenos e quase insignificantes — quem nunca perdeu a saída dirigindo na estrada, ou esqueceu de pedir para colocarem adoçante em vez de açúcar no café? Mas, de vez em quando, todos nós acabaremos por cometer um erro grave, algo com capacidades devastadoras que pode causar muitos conflitos e problemas para nós e para aqueles à nossa volta. Vamos errar nos nossos empregos, com as nossas amizades, com as nossas famílias... e estátudo bem.

É importante entender que nossos erros são apenas pedrinhas no meio do longo caminho das nossas vidas. Sabe aquele ditado que fala sobre "dar um passo para trás, para dar dois para a frente"? É exatamente isso. Quando estiver passando por um momento de dor, tente passar a ver os seus erros não como algo completamente negativo, mas sim como uma oportunidade de consertar algo que, se deixado de lado, poderá lhe trazer ainda mais problemas no futuro. É como colocar uma pitadinha de sal na sua receita de bolo, para garantir que não vai ficar doce demais quando você colocar a calda por cima, para garantir o equilíbrio.

Que bom que estamos aqui, respirando, tendo o privilégio de poder cometer esses erros e de fazer o possível para consertá-los. Que privilégio poder viver cada dia de uma vez, aprendendo e evoluindo, melhorando a nós mesmos e ao mundo em que vivemos. Nossa existência na Terra é uma grande montanha-russa de emoções: da tristeza à alegria, da fúria ao medo, estamos aqui para ter as mais diversas experiências e, a partir delas, nos tornar pessoas melhores do que éramos ontem.

O mais importante de tudo isso é entender que uma vida sem dificuldades é uma vida sem crescimento, sem evolução, sem melhora. Todos os problemas que enfrentamos, dos mais diminutos empecilhos às mais devastadoras tragédias, no fim das contas, servem para nos ajudar a evoluir: evoluir como seres humanos, evoluir espiritualmente, evoluir profissionalmente, evoluir nas nossas relações, evoluir em absolutamente tudo. A vida é para isso: melhorar, crescer e continuar sempre em frente, de cabeça erguida e coração aberto, pronto para o que vem a seguir.

Sem os erros, não somos capazes de evoluir. Sem evolução, não somos capazes de seguir em frente. E, se não seguirmos em frente, jamais seremos capazes de atingir os nossos sonhos — ou até de ajudar aqueles que amamos a atingir os deles. E qual o sentido da vida, qual o sentido de estar aqui, se não pudermos buscar os nossos sonhos e ajudar nossas famílias e nossos amigos a fazer o mesmo? Todos nós vivemos para buscar a felicidade, e esta, por sua vez, é inatingível sem passarmos por erros e dificuldades. Se a minha missão sempre foi ajudar os outros, eu espero que este livro possa ajudar você a perceber a dimensão da sua capacidade de evoluir.

Hoje vejo que o que precisamos é saber olhar para dentro de nós para buscar a força e a resiliência para superar nossos problemas, nossas tristezas e nossas frustrações. Por mais que tenhamos pessoas queridas na nossa vida que passem por situações similares às nossas, a verdade é que as nossas dores, assim como nossas almas, são únicas. Quando perdi meu pai, por exemplo, eu sabia que na minha mãe também estava doendo, ela também estava passando por um sofrimento gigantesco por causa de tudo aquilo. Mas eu era a filha, ela era a esposa, e cada uma de nós precisou lidar da maneira que nos cabia.

Eu e minha mãe, não só em relação ao meu pai, somos pessoas completamente diferentes. Nossas experiências, nossos pensamentos, nossos gostos, nossas habilidades... Por mais que sejamos mãe e filha, por mais que tenhamos vivido vidas tão próximas, ainda somos seres singulares. Só eu sei o que preciso fazer para superar os meus problemas e as minhas dores da melhor forma possível. O apoio e o amor daqueles que estão comigo são imensos auxílios, é verdade, mas no final do dia eu preciso querer, de fato, me salvar. Eu preciso querer me ajudar mais do que tudo.

E você também. Não se esqueça de que você é uma pessoa singular. Não existe ninguém no mundo como você. Você pode ter irmãos que tiveram a mesma criação, os mesmos pais, a mesma casa... mas em sua essência, na sua alma e na sua mente, você é completamente único. Talvez aquilo que funciona para o seu irmão, o seu amigo, o seu pai, não funcione para você. O apoio emocional é sempre importante, mas a força que vem de dentro de você sempre será a mais poderosa e efetiva para que supere os seus problemas.

Pode parecer muito árduo manter a cabeça erguida ou até o mínimo de pensamento positivo, quando se está passando por um momento muito difícil. Mas, acredite, é uma parte extremamente essencial para a recuperação da sua força e da sua capacidade de vencer os obstáculos.

Quando passei por toda a situação da prisão, esse grande desafio que se apresentou em minha vida, eu prometi a mim mesma que isso me tornaria uma pessoa completamente diferente. Ser doce, ser amigável, ter compaixão e empatia havia me tornado um alvo fácil, uma presa para perigosos predadores dos quais eu não conseguira fugir. Na minha mente, enquanto eu sofria, o que mais fazia sentido era me tornar o completo oposto de tudo o que eu era antes. Eu queria me tornar fria, queria ser uma pessoa mais desconfiada, mais fechada.

No entanto, quando me vi lidando com tudo isso, percebi que, na realidade, era completamente diferente. A frieza, a distância, a amargura que eu achei que seriam necessárias para que eu superasse o que houve, e me prevenisse de que isso pudesse ocorrer novamente, eram as piores ferramentas que eu poderia escolher naquele momento. Eram reações e características que simplesmente não condiziam com quem eu era, na minha essência.

Pense o seguinte: se você está passando por uma situação em que uma pessoa está praticamente obcecada por destruir você, está sempre procurando difamar, ou agredir verbalmente, tentando manchar a sua imagem e a sua reputação a qualquer custo, o que você pode fazer?

A primeira opção seria tentar ignorar. Muitas pessoas, quando são alvos de críticas, dizem "Ah, eu apenas ignoro". Eu não consigo acreditar em quem diz isso.

Claro, é possível ignorar até um certo ponto, mas quando vira uma ação repetitiva, quase como uma perseguição, aquilo te consome por dentro. Fica sempre ali, como uma pulga atrás da orelha, pensando sobre o que está acontecendo e o que pode vir como resultado disso, por mais que você tente não pensar na pessoa e no que ela está fazendo. Eu, Marcela, garanto que não conseguiria jamais simplesmente ignorar algo do tipo — assim como não consegui ignorar quando aconteceu comigo.

Uma segunda opção para lidar com essas circunstâncias seria, talvez, revidar. O famoso "dar o troco na mesma moeda" que muitos dizem por aí. Nesse caso, seria praticamente instalada uma guerra entre você, o alvo e essa pessoa que está te atacando. O problema é que, nesse caso, você acaba se tornando uma pessoa tão ruim quanto aquela que começou. Você se torna tão infeliz, tão agressiva, tão amarga quanto o outro. A amargura não é uma arma efetiva, não é a carta trunfo do seu baralho. A amargura é o que vai te derrubar. Revidar na mesma moeda não faz você ganhar a aposta, apenas te afunda e te destrói. O que aquela pessoa quer é ver você no fundo do poço e, ao se colocar no nível dela, ao se deixar tornar amarga e odiosa como ela, você estará, no fim das contas, caindo exatamente na armadilha desse inimigo, desse predador.

Por último — e foi aqui que encontrei a minha maior arma contra todo o ódio destilado contra mim —, eu posso ter compaixão, posso ter ternura. Eu posso olhar para aquela situação, para aquela pessoa que está fazendo o possível e o impossível para tentar me alfinetar, e tentar enxergar por que aquilo está acontecendo. De onde vem esse ódio, de onde vêm essas ações e palavras pesadas, carregadas de sentimentos negativos? Geralmente, as atitudes de uma pessoa dizem mais sobre ela do que sobre quem ela quer agredir.

Quando alguém diz coisas sobre mim, será que elas são verdadeiras? É preciso olhar para dentro de si e, com honestidade, responder a essa pergunta. Nós não somos perfeitos. É muito possível que, quando recebemos críticas, elas talvez estejam certas e as questões apontadas sejam mesmo coisas nas quais podemos melhorar. Às vezes perdemos a paciência com muita facilidade, às vezes somos grosseiros... Essas coisas acontecem.

Agora, quando as palavras que estão sendo jogadas em você são falas vazias, sem embasamento, que não condizem com a sua realidade, sua alma, seu coração e suas ações, aí, sim, é a hora de entender que já não é uma questão sua. Quando alguém te ataca sem motivos, sem fundamentos em verdades, é porque aquele sentimento vem de uma fonte de amargura na própria pessoa.

Espero que, a partir da minha história, você seja capaz de perceber que algumas batalhas não valem a pena. E precisamos saber quando é o momento de recuar e quando é o momento de seguir adiante de cabeça erguida, sem nos desgastar ainda mais. Saiba que a maioria das pessoas, infelizmente, não te enxerga como você realmente é. Você, naquela situação, serve meramente como um bode expiatório para que elas descontem suas frustrações, suas tristezas e suas dores.

Entenda que, quando eu falo sobre ternura e compaixão, talvez pareça que estou pedindo que você tenha todos esses sentimentos bons e compreensivos para com aqueles que parecem não merecer. E essa é a chave da questão. Quando você vê uma situação dessas acontecendo na sua vida e percebe que aquilo não condiz com quem você é, com a sua realidade, com a sua essência, deixar aquilo de lado é um favor que você faz a si mesmo.

Digerir críticas e opiniões que vêm de fontes genuínas, que surgem através de problemas reais ou questões nas quais você verdadeiramente precisa trabalhar, sim, é uma forma de evolução e de crescimento. Porém, ficar constantemente martelando ataques infundados, vendo e revendo palavras odiosas que não cabem a você, não só vai fazer mal para o seu psicológico e para o seu emocional, como também vai estagnar o seu crescimento e a sua evolução em todas as áreas da vida.

Perceber que uma situação negativa não merece um pingo da sua atenção não é ter compaixão com aquele que te ataca, mas sim consigo mesmo. Olhar para uma situação dessas e genuinamente entender que aquilo não é, de fato, sobre você e o seu crescimento também não é o mesmo que ignorar. Você, nesse caso, deu a atenção devida para a oportunidade de crescimento que talvez estivesse se apresentando à sua frente, em vez de apenas jogar para o lado toda e qualquer crítica. Ao ver que isso não te ajudaria, que não era genuíno, que não cabia mais na sua vida, o maior presente que você pode dar a si mesmo é este: deixar isso de lado.

Lembre-se: a única pessoa que pode te tirar de um buraco, te trazer de volta para a superfície e te dar o empurrão de volta ao caminho certo que você precisa é você, e somente você. A ajuda dos outros é bem-vinda, mas o seu esforço, a sua vontade e o seu amor-próprio serão 99% do resultado final. Dependemos sempre, em primeiro lugar, de nós mesmos.

Ser forte sem perder a ternura

Tudo o que acontece de bom na nossa vida, tudo o que agrega ao nosso dia a dia e à nossa essência, à nossa felicidade — seja no campo amoroso, financeiro, familiar etc. — vem, em primeiro lugar, da gente. Nós temos que trabalhar para que essas coisas aconteçam, temos que ir atrás delas e estar abertos para recebê-las quando chegarem até nós.

Aprenda a se conhecer, a entender quem você é — desde as características mais superficiais até o seu âmbito mais profundo — e ame cada detalhe de si. Permita--se viver de uma maneira pura e simples, buscando a felicidade e a evolução, ao mesmo tempo que procura ser capaz de apreciar e agradecer por tudo o que já alcançou. Não perca jamais a capacidade de encontrar ternura em cada dia.

Conhecer-se e entender que a sua força vem de dentro, que você é o condutor da sua própria vida e, principalmente, da sua própria felicidade é o que te permite enfrentar quaisquer obstáculos com leveza, com doçura, sem se deixar amargar. É o que te permite, mesmo nas situações mais obscuras e desafiadoras, ainda ser capaz de enxergar beleza.

Um momento inesperado em que eu percebi essa minha capacidade de ver pontos positivos mesmo nas situações mais tenebrosas foi quando estava naquela cela no fórum. Eu estava com medo, com fome, cansada, triste, frustrada, confusa, porém, mesmo com todas essas emoções negativas, fui também capaz de olhar para aquelas mulheres em volta de mim e perceber a força que elas tinham. Fui capaz de enxergar a beleza nas simples ações delas, de escutar umas às outras, de dar um abraço em uma estranha que estava chateada, de ajudar uma doida que nem sabia como fazer xixi na cela e não conseguia sequer pedir ajuda.

É claro que é perfeitamente natural do ser humano se desesperar, principalmente quando se vê em uma situação tão assustadora como aquela em que eu me encontrava. É normal ter medo, pensamentos negativos, raiva, ódio, tristeza; tudo isso é esperado. Mas é aqui que a ternura, a compaixão e a delicadeza consigo mesmo, que só vêm através do autoconhecimento, são tão importantes. É nesse momento que elas mostram a que vieram e te ajudam a superar quaisquer obstáculos.

É aqui, depois do desespero, do surto, do medo e da frustração, que você vai olhar para si, com compaixão e delicadeza, e se permitir viver um dia de cada vez. Você vai olhar para dentro de si e enxergar a força da sua essência, da sua alma e do seu caráter. É aqui que você vai enxergar que é capaz de vencer esse obstáculo, como já venceu tantos outros que passaram pelo seu caminho no passado. Só assim, acreditando em si mesmo, você será capaz de recomeçar.

Poder mudar, fazer melhor e reconstruir o caminho

Este livro, para mim, também é um recomeço. Sinto que tudo aquilo pelo que passei durante aquela época, foi um grande capítulo escuro, pesado e assustador na história da minha vida. Mas foi só isso: um capítulo. A Marcela já viveu muitas histórias no passado e viverá muitas outras no futuro. A prisão, por mais devastadora que tenha sido, foi só mais uma delas.

Escrever tudo isso aqui, compartilhar a minha história com vocês, foi a maneira que encontrei de dar um encerramento apropriado para este capítulo que, apesar de carregado de negatividade, foi extremamente significativo. Apesar das frustrações, das dores e dos medos, tudo isso me permitiu crescer demais, em todos os aspectos.

Hoje eu me conheço muito melhor. Hoje eu sei do meu potencial, muito mais do que poderia imaginar há alguns anos. Hoje eu não questiono a minha força, eu acredito fortemente nela e sei que ela é gigantesca, talvez até infinita. Hoje estou mais do que preparada para seguir em frente, de cabeça erguida, coração aberto e mente forte.

Hoje sigo uma vida mais leve, sem muitas cobranças e percebendo que as coisas mais simples me deixam feliz. Meu parceiro, o Victor, enfrentou comigo algumas dessas batalhas e, sim, passamos por momentos complicados, até de separação, porém ele me ensinou que é possível mudarmos para seguir o caminho que queremos. Sou muito grata à ele, que agora está me ajudando a escrever um novo livro, ou melhor, a continuação do meu livro da vida.

Hoje eu me preparo para o capítulo que vem a seguir. E este próximo capítulo, assim como muitos outros da minha vida, não será fácil. É um capítulo cheio de noites maldormidas, dores no corpo, estresse, medo, ansiedade, nervosismo, mas também cheio de alegrias, de novas descobertas, de novas memórias, de um amor inexplicável que eu já sinto no meu peito.

Será um capítulo sem igual, mas um capítulo que eu não iniciarei sozinha. A partir de agora, darei início ao capítulo que talvez seja o mais importante da minha vida; um capítulo que vai dar início a um livro completamente novo. Em 2024, inicia-se o livro mais querido do qual eu farei parte: o do meu bebê, que estará nos meus braços, escrevendo as primeiras linhas de sua própria história.

Obrigada por ter chegado até aqui e por se permitir conhecer os dois lados de uma mesma história.

FONTE Adobe Caslon Pro, Arboria
PAPEL Pólen Natural 80 g/m²
IMPRESSÃO Paym